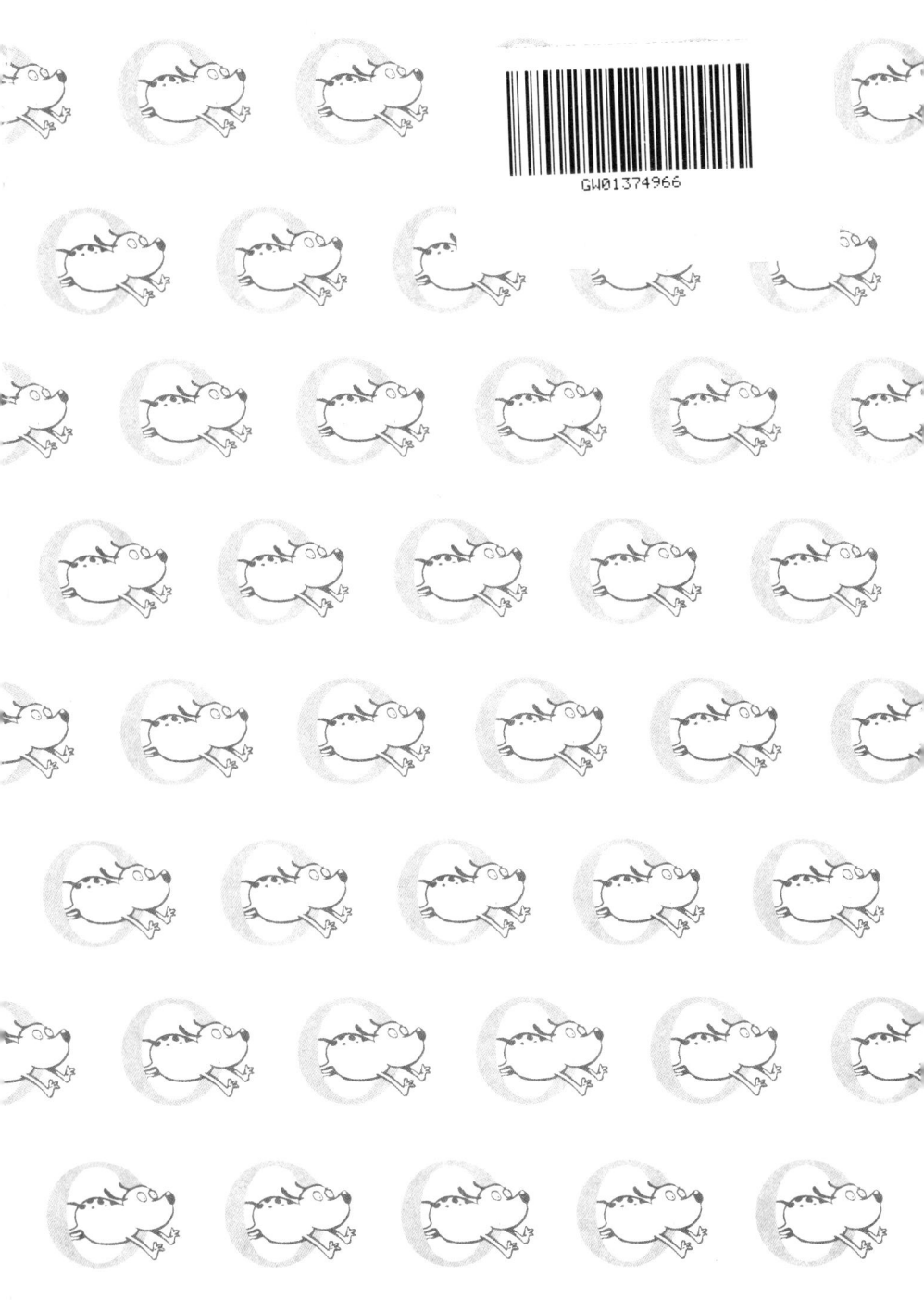

Las bambulísticas historias de
Bambulo
amigos que cuentan

Colección **3** *Bambulo*

© del texto: 1999, Bernardo Atxaga
© de las ilustraciones: 1999, Mikel Valverde
© de esta edición: 1999, Grupo Santillana de Ediciones, S. A.
 Torrelaguna, 60. 28043 Madrid

Versión de Asun Garikano y Bernardo Atxaga
a partir del original en euskera "Ternako Penak"

Aguilar, Altea, Taurus, Alfaguara, S. A. de Ediciones
Beazley, 3860. 1437 Buenos Aires

Aguilar, Altea, Taurus, Alfaguara, S. A. de C. V.
Av. Universidad, 767. Col. del Valle. México, D. F. C. P. 03100

Distribuidora y Editora Aguilar, Altea, Taurus, Alfaguara, S. A.
Calle 80, n° 10-23. Santafé de Bogotá-Colombia

Edición: Elena Fernández-Arias Almagro
Coordinación editorial: Anabel Lobo
Diseño de cubierta: Pep Carrió y Sonia Sánchez
Maquetación: Victoria Reyes
Dirección técnica: Víctor Benayas

ISBN: 84-204-5803-1
DL: M-40.733-1999
Printed in Spain - Impreso en España por
Palgraphic, S. A. Humanes (Madrid)

Todos los derechos reservados.
Esta publicación no puede ser reproducida, ni en todo
ni en parte, ni registrada en, o transmitida
por, un sistema de recuperación de información,
en ninguna forma y por ningún medio, sea mecánico,
fotoquímico, electrónico, magnético, electroóptico,
por fotocopia, o cualquier otro, sin el permiso
previo por escrito de la editorial.

Las bambulísticas historias de
Bambulo
amigos que cuentan

Bernardo Atxaga
Ilustraciones de Mikel Valverde

Prólogo
El secretario de Bambulo da la bienvenida al lector después de mucho tiempo

¡Querido lector! ¡Mi muy añorado lector! ¿Cuántos días han transcurrido desde la última vez que estuvimos juntos? No lo sé, no los he contado, pero sospecho que han sido muchos, quizá demasiados. El director de la editorial me lo ha repetido mil veces:

—Señor secretario, estimadísimo secretario, estamos muy impacientes. ¿Acaso necesita usted tanto tiempo para ordenar los papeles de Bambulo? Dése cuenta de que los lectores de hoy en día son olvidadizos, y no dejan un hueco libre en sus estanterías para nadie. ¡Hay tantísimos libros en el mundo! ¡Y son tan largas las historias que cuentan en la televisión! ¡Tan repletas de personajes y de enredos! En medio de tal abundancia, de tal profusión, ¿quién se va a acordar del perro que quería cambiar la Historia? ¿Quién se acordará de nuestro querido Bambulo?

—Señor editor, respetabilísimo señor editor —le respondí la última vez que me dirigió uno de sus discursos—, permítame aclararle unos cuantos puntos.

—Aclare usted todo lo que quiera. La claridad no me da miedo. Lo que me asusta es no vender libros —me dijo él amorosamente. Me pareció que quería mostrarse agradable.

—Pues, en primer lugar, quiero comunicarle que mi trabajo no se limita a ordenar los papeles de Bambulo. Además de ordenarlos, he de copiarlos, analizarlos, corregirlos y organizarlos...

—...para su mejor y más conveniente publicación, ya lo sé —me ayudó el director de la editorial tan amorosamente o más que antes.

—Por lo tanto —continué—, no ha de extrañarle que me cueste llevar a cabo mi trabajo. Ahora, por ejemplo, pretendo escribir mi tercer libro con las historias que Bambulo y sus amigos contaron alrededor de una mesa. ¡No se imagina usted la cantidad de papeles que he tenido que remover con ese fin!

—¡Cuántos papeles, y cuántos papelitos! —exclamó el director, con muchas ganas de darme la razón.

—Queda, pues, aclarado el primer punto —concluí—. En cuanto al segundo, es el siguiente: opino que los lectores no han podido olvidarse de Bambulo. ¿Cómo se iban a olvidar así, sin más, del perro que está reescribiendo la Historia? No. No lo puedo creer. Los lectores no le harían un desaire tan grande. No y no. En absoluto. Por ejemplo, ¿qué le ha sucedido a usted? ¿Acaso lo ha olvidado? ¿Verdad que no?

La expresión del editor me puso los pelos de punta. Vi que dudaba, que tartamudeaba, que tosía.

—¡Hay tantísimos libros! ¡Y son tan largas las historias de la televisión! En medio de tal abundancia, de tal profusión...

—¡Al cuerno la abundancia! ¡Al cuerno la profusión! —reaccioné enfadado—. Dígame claramente la verdad, señor director: ¿se acuerda usted de la historias de Bambulo? ¿Podría decirme, por ejemplo, qué le animó a analizar la Historia? ¿Lo sabe usted?

—¿No me puede dar un pequeña pista...? —dijo él, como si nos encontráramos en un concurso radiofónico.

—«Nuestro querido perro Bambulo vivía en su ciudad natal, Bilbao...» —comencé, citando un fragmento del primer libro bambulístico. Pero el editor no hizo el más mínimo gesto. Tenía la frente completamente arrugada de tanto pensar. Decidí seguir con mi relato—. «Cierto día, las diversas individualidades con las que vivía –Ariadna, Jon, Ainhoa y María– le llevaron a una gran biblioteca. Una vez allí, cuando iba corriendo por uno de los pasillos, Bambulo se cayó por un agujero, y entonces conoció a Panchi, *Cabecita de Ajo*...

—¡Panchi, *Cabecita de Ajo*! —exclamó el editor, dejando escapar un largo suspiro. Me pareció que de pronto lo recordaba todo y se iba a poner a hablar, pero no. Volvió a mostrarse pensativo, dubitativo, pesimista.

—«...entonces conoció al cocinero Panchi, *Cabecita de Ajo*, que pasaba su tiempo en una estancia subterránea» —continué—. «Y fue así como Bambulo se hizo con el libro de *Los grandes episodios de la gran familia Bambulo*, que había de resultar tan decisivo en su vida...»

El editor se llevó las dos manos a la cabeza. Su frente se volvió cenicienta. Además, sudaba copiosamente. ¡Estaba pasando un apuro tremendo!

—¡Tengo un lapsus, sin duda! ¡No me viene nada a la cabeza! —se alarmó.

—Cálmese —le dije. Pero con la boca pequeña. También yo empezaba a alarmarme. ¿Sería verdad que Bambulo había caído en el olvido? ¿Se encontrarían todos los lectores en la misma situación que su editor? ¡Qué espanto!

—¡Creo que ya recuerdo algo! —dijo de pronto el editor.

—¡Eureka! —grité.

—Acaba de venirme a la memoria la historia de Bambulillo.

—Estupendo.

—Sí, sí, sí —dijo el editor, animándose a sí mismo—. Bambulillo era un perro que se hundió en la arena y que en el último momento fue rescatado por otra individualidad cuyo nombre era Bambulilla y que estaba enamorada del tal Bambulillo. Sin embargo, Bambulillo no se portó con ella correctamente, ya que se escapó con otra individualidad llamada Bambuleska. Aunque no por mucho tiempo, porque un terremoto se tragó a Bambuleska y dejó malherido a Bambulillo. Pero resulta que entonces apareció Bambulesko, que, a pesar de estar enamorado de Bambuleska, vivía con Bambukale, y...

—¡Basta! ¡Es suficiente! —grité, corriendo en busca de una ventana. Tenía dificultades para respirar—. Bambulillo fue un antepasado de Bambulo del que se conserva un retrato pintado por Goya. ¡No lo meta en una de esas historias simiescas de la televisión, por favor se lo pido!

—Perdone, señor secretario. Pero no ha de extrañarle que confunda las historias de Bambulo con las de la televisión. ¡Son tan largas las historias de la televisión! ¡Tan repletas de personajes y de enredos! Qué le vamos a hacer, señor secretario. En medio de tal abundancia, de tal profusión...

—Pero, ¿no recuerda usted nada? —le pregunté irritado—. Los problemas a los que se enfrentó Bambulo en el Museo del Prado, o la crisis que sufrió después de ver la película sobre Francisco de Asís, o el viaje que hizo tras los pasos del pájaro de pico largo, o…

—¿El pájaro de pico largo?

Los ojos del editor se movieron de acá para allá, como si buscaran al pájaro.

—¿Y su nueva Historia? —insistí—. ¿No recuerda usted sus escritos? La historia de Bambulias, el ayudante de Salomón, o la del perro de Troya, o la de Ulises y las sirenas…

Esta vez el editor movió la cabeza entera. Que no.

—Y seguro que a la mayoría de los lectores les pasa lo mismo que a mí —dijo entre suspiros—. Eso es lo terrible.

Me puse muy nervioso. Desde donde estábamos, podía ver mi estudio abarrotado de papeles. Eran los documentos que completarían el tercer libro de Bambulo. Por un instante, me pareció que estaban tristes, abandonados, solitarios. O peor aún: tristes y pico, abandonados y pico, solitarios y pico.

—Adiós, señor editor. Ya le llamaré —dije con bastante brusquedad, dando por finalizada la visita.

—O sea, que debo marcharme —dijo él, volviendo a suspirar.

—Sí. Tengo trabajo. Un trabajo enorme.

—¿No se habrá enfadado usted conmigo? —me preguntó, ya en el descansillo.

—La situación es demasiado grave para malgastar el tiempo con preguntas personales, señor editor —le comuniqué secamente, antes de despedirme de nuevo.

La situación era grave, sin duda alguna. Si el mismísimo editor que publicaba los libros de Bambulo no se acordaba de nada, ¿qué pasaría con los demás lectores? Se me ponían los pelos de punta sólo de pensarlo. Entré enseguida en mi estudio y me dispuse a ordenar, copiar, analizar, corregir y organizar los documentos para su mejor y más conveniente publicación. Al cabo de muchas semanas, quise resumir la situación que estaba viviendo, y escribí este pequeño poema sin levantarme de mi mesa:

Haga lluvia o sol, no dejo de trabajar;
de día o de noche, no dejo de trabajar.
La cabeza, baja, el corazón, alto.
¡Cuánto papel, cuánto papelillo,
a mis blancas manos trae el vientecillo!

En ocasiones, cuando en lo más profundo de la noche me disponía a abandonar mi trabajo, levantaba los ojos hacia la ventana y miraba a los edificios de la ciudad queriendo encontrar alguna luz, alguien que me acompañara en mi vigilia. Solía ver cuatro o cinco ventanas ilumi-

nadas, no más. «Serán secretarios que, como yo, se afanan por acabar su trabajo», me decía. «Cumplid con vuestra obligación, compañeros. Éste se va a la cama después de haber cumplido con la suya», susurraba a continuación, deseándoles las buenas noches.

Por fin, un día, este tercer libro de Bambulo quedó listo para su publicación. Fui entonces al teléfono e hice dos llamadas. La primera, a mi queridísimo Bambulo; la segunda, al respetabilísimo señor editor.

—¡Bambulo! ¡Bambulo de mi corazón! ¿Qué tal se encuentra?

—Ligero. Ligero y feliz. Como siempre. ¿Y usted, señor secretario? ¿Qué tal?

—Acabo de terminar otro de mis bambulísticos libros. ¡El tercero!

—¡No me diga! ¡Qué deprisa pasa el tiempo! ¡Antes no existía un solo libro bambulístico, y ahora resulta que ya vamos por el tercero! Por cierto, ¿qué tal ha quedado?

—Bien, creo —respondí con prudencia—. En todo caso, hay un pequeño problema. Un pequeño problema y pico.

—Dígame. Soy todo oídos.

—¿Recuerda la vez que volvió aquí, a su ciudad natal, después de sufrir una crisis? Era la víspera de Navidad, cumpleaños de Ainhoa, y hubo una celebración en aquel rincón subterráneo que el cocinero Panchi, *Cabecita de Ajo,* tenía junto a la biblioteca. Acudieron todos los de su casa: Ainhoa, Ariadna, Jon, su madre María, su padre, que acababa de volver de Terranova...

—¿Usted no fue, señor secretario?

—Yo estaba trabajando, Bambulo. Pero ésa es otra cuestión. Preferiría ir al grano.

—Como usted quiera, señor secretario. Dígame entonces cuál es el pequeño problema y pico.

—El pequeño problema y pico es que aquella noche usted habló muy poco, Bambulo. En cambio, el marinero, el padre de Ainhoa, Jon y Ariadna, habló muchísimo. Comenzó a contar una historia de un marinero que, como él, había andado por Terranova y no paró de hablar. La historia apareció luego entre todos sus documentos...

—Tiene razón, señor secretario. La historia del marinero me pareció muy interesante, así que la copié y la puse en un documento. Pero, dígame, ¿dónde está el pequeño problema y pico?

—Que en el tercer libro usted aparece muy poco, Bambulo. Ése es el problema. El documento con la historia de Terranova lo ha ocupado todo.

Al otro lado del teléfono, Bambulo se echó a reír. Su risa era dulce, gozosa.

—¡Por favor! ¡No hay ningún problema! Todo lo contrario. Le voy a hacer una confesión, señor secretario: las historias de mis amigos me son más queridas que las mías propias. Se lo digo de verdad.

—Así que no le importa. Bueno, me alegro. Entonces, seguiré adelante con el proyecto.

—¡*Avanti*! —gritó Bambulo. Luego volvió a reír con su risa dulce y gozosa, y me deseó suerte.

La actitud de Bambulo me tranquilizó enormemente. Había llegado la hora de llamar al respetabilísimo señor editor.

—Querido editor, el tercer libro de Bambulo ya está terminado —le dije.

—Su noticia me llena de alegría —respondió desde el otro lado del hilo telefónico—. Así que ya está el libro. Todos los documentos preparados, cada nota en su sitio...

—Efectivamente. Más rápido imposible —le dije.

—Oiga, dígame una cosa —continuó el editor cambiando de tono de voz—. Si no recuerdo mal, el segundo libro de Bambulo terminaba un día de Navidad, en aquella especie de cocina de Cabecita de Ajo. Todos los reunidos para la celebración –los hermanos de Ainhoa, Jon y

Ariadna, su madre, su padre, que acababa de regresar de Terranova, Bambulo, el mismo Cabecita de Ajo– charlaban amigablemente. Y mi pregunta es la siguiente: ¿comienza el tercer libro con esa reunión? A mi modo de ver, sería muy conveniente. Pero, claro, usted es el autor, la decisión está en sus manos...

—En mis blancas manos. Llevo tanto tiempo trabajando sin salir de casa que no he visto el sol ni por asomo. Estoy blanquísimo.

—Yo también. La verdad es que últimamente hemos tenido un tiempo muy tristón.

—Hay algo que me resulta extraño, señor editor —le dije con vehemencia—. Hace unos meses hablamos de este asunto y usted no se acordaba de nada. No podía usted recordar ni una sola de las historias de Bambulo. En cambio, ahora me acaba de explicar con todo detalle el final del segundo libro. No sé qué pensar, la verdad.

—Ahora como pescado casi a diario. Tal vez sea por eso. Ya sabe usted, el pescado tiene un montón de fósforo, y el fósforo renueva el cerebro, por decirlo de alguna manera —me explicó él haciéndose el sueco. Pero yo ya sabía cuál era la verdad: había estado fingiendo para que yo me diera prisa. Lo de su olvido había sido una triquiñuela.

—Miente usted —le dije—. Usted me engañó.

—Aunque así fuera, ¿qué más da? ¿Acaso no ha sido para bien, querido secretario? ¿No se lo agradecerá Bambulo? No se ofenda, por favor. El trabajo está hecho, y ahora puede tomarse unas vacaciones antes de comenzar con el cuarto libro.

—Desde luego. Voy a tomarme diez días de vacaciones.

—¿Diez días? ¿No son muchos? Yo este año me he tomado cinco días, y me encuentro como una rosa.

—Adiós, señor editor. Recibirá mañana mismo el tercer libro de Bambulo.

—Y el cuarto, ¿para cuándo? Porque ya sabe usted que los lectores son olvidadizos y...

Colgué el teléfono dejándole con la explicación en la boca. ¡Menos mal! De lo contrario, estaría otra vez trabajando, y no tumbado en este sofá como estoy ahora, escribiendo estas notas tranquilamente. En cualquier caso, reconozco que el señor editor tenía razón en un punto: el trabajo está hecho. Si no me hubiera dado prisa, los papeles y los documentos de Bambulo seguirían dando vueltas por mi oficina.

Lee, pues, lector, las nuevas historias de Bambulo. O mejor dicho: las de Bambulo y las de sus amigos. No creo que te arrepientas. Y si te arrepientes, si las historias de Bambulo y de sus amigos te resultan aburridas, piensa que la culpa habrá sido mía, y no de nuestro bambuloso o bambulístico perro.

EL SECRETARIO DE BAMBULO

AMIGOS QUE CUENTAN

Cada vez que pienso en la cena que Bambulo y sus amigos celebraron la víspera de Navidad, acuden a mi memoria las palabras que una vez dijo un poeta: «Lo mejor del camino es la posada», porque así fue como se sintieron las individualidades aquella noche, como en una posada, en un ambiente cálido que propiciaba la conversación.

Además, por diferentes razones, todos estaban alegres y contentos.

Alegre y contento estaba el anfitrión Panchi, *Cabecita de Ajo*, porque le gustaba cocinar y que la gente disfrutara con sus platos.

Alegre y contenta estaba Ainhoa, la pequeña de la casa. Su querido perro Bambulo, al que no había visto durante meses y meses, se encontraba ahora a su lado. Además, aquel día, víspera de Navidad, cumplía cinco años.

Alegres y contentos estaban también los hermanos de Ainhoa, Jon y Ariadna. Después de trabajar duramente en la escuela, las vacaciones eran para ellos una delicia, y pasaban el tiempo haciendo lo que más les apetecía. Ariadna leía, mientras Jon se afanaba en la cocina. Las patatas fritas que se sirvieron en la cena las había preparado él.

Al igual que Ainhoa, Jon y Ariadna, alegres y contentos estaban también sus padres, María y el marinero de Terranova. María, porque veía a toda la familia reunida y en buena armonía; el marinero, porque se había bajado del barco y no veía en las proximidades ni bacalaos ni focas ni morsas ni los hielos del polo norte. En lugar de eso veía a su familia, y al sabio perro Bambulo, y al bueno de Panchi, *Cabecita de Ajo*. En medio de tal abundancia, de tal profusión, se le notaba chispeante, y con unas ganas de hablar tremendas.

También Bambulo, como todos sus amigos, estaba alegre y contento. Llevaba meses y meses trabajando como *historiator*, *investigator* y *korrektor*, y necesitaba un respiro antes de entrar de nuevo en materia. «Hacia atrás, ni para tomar impulso», dijo una vez un secretario hablando metafóricamente, pero Bambulo no se sentía tan fuerte.

En resumen, y repitiendo lo ya dicho: todas las individualidades, tras recorrer cada cual su camino, se encontraban en el rincón del cocinero Panchi, *Cabecita de Ajo*, estupendamente, comiendo y bebiendo y sin parar de hablar. De todos ellos, el que más hablaba, el cabecilla de la reunión, era el marinero de Terranova. Le gustaba contar historias, y aquella noche se sentía con más ganas que nunca.

—Bien, muy bien, formidable —dijo después de dar cuenta de la ensalada y con los ojos clavados en el segundo plato de la cena. Se trataba de una *lasagna*—. Esto es estupendo. La comida, una delicia, y las historias que estoy escuchando, otra delicia…

—Es verdad. A mí me ha parecido muy interesante lo que nos ha contado Panchi, *Cabecita de Ajo*, sobre la patata —añadió Ariadna. El cocinero les había explicado las dificultades que tuvo que vencer la patata para ser aceptada por los europeos—. Yo, por mi parte, he leído algunas cosas sobre la expedición que Scott y Amundsen realizaron al polo sur. Si queréis os las cuento.

—No, tú no, que las cuente Mamulo —la interrumpió su hermana pequeña, Ainhoa.

—O sea, que Bambulo sí y yo no, ¿verdad? Muchas gracias, Ainhoa —le respondió Ariadna dolida.

—En parte tiene razón Ainhoa —intervino María—. Tú has estado en casa con nosotros, mientras que a Bambulo su trabajo de historiador le ha llevado de la Ceca a la Meca, y hace mucho que no tenemos la oportunidad de escucharle—. Dime, Bambulo —añadió luego, mirando a nuestro perro—, ¿qué tal pasar tú por Madrid? ¿Qué tal estar tu amigo, pájaro de pico largo? ¿Muchas entrevistas para prensa? ¿Tú perro famoso ahora?

—Habla bien, mamá —le dijo Jon—. Bambulo no tiene ningún problema para entenderte. No es un bárbaro ignorante.

—Ya lo sé —se avergonzó María—. Bambulo parece ahora más sabio que todos nosotros. Pero cuesta cambiar las malas costumbres. De todas formas, lo intentaré.

—No, María, no lo intentes —le pidió Bambulo—. Al fin y al cabo, soy un ignorante, un bárbaro, una patata frita.

—¿Una patata frita? —se sorprendieron todos a la vez.

—Perdón, no quería decir eso. Lo que pasa es que todavía tengo en la boca el sabor de las patatas fritas, y el aroma se me ha subido a la cabeza. Además...

—¿Quieres más patatas fritas, Mamulo? —preguntó Ainhoa.

—Qué lista eres, Ainhoa. Sí, voy a comer más patatas fritas antes de pasar a la *lasagna* —dijo Bambulo, alargando su plato.

—Bueno, ¿os cuento las expediciones de Scott y Amundsen o no? —preguntó Ariadna un poco irritada.

—No —respondió su padre, el marinero de Terranova. Se había zampado su ración de *lasagna* en un santiamén y sentía unas irresistibles ganas de hablar. No podía seguir callado. En absoluto. De ninguna manera.

Quería recuperar todas las oportunidades perdidas mientras pescaba bacalaos.

—¿Por qué, papá? —preguntó Ariadna.

—Pues porque yo no soy menos que Scott y Amundsen. Yo también he andado por el polo, y he escuchado muchas historias. ¿Queréis que os cuente una de ellas? Seré breve. ¿Me dais permiso para empezar?

—¡No! —dijo Ainhoa. Acababa de dejar un montón de patatas fritas en el plato de Bambulo, y tenía el ceño fruncido—. ¡Primero tiene que hablar Mamulo!

—Pero, pequeña, ¿cómo puedes decir eso? —exclamó su padre, el marinero de Terranova—. Abusas de la bondad de Bambulo. Por una parte, le sirves patatas fritas; por otra, le pides que hable. Indudablemente es demasiado. Es muy difícil hacer las dos cosas a la vez, y además es de mala educación. Mi caso, en cambio, es diferente. He terminado de comer la *lasagna* y tengo una buena historia que contar. Trata de un muchacho que, como yo, era marinero y se fue a Terranova. Se llamaba…

Ainhoa comenzó a llorar escandalosamente. Estaba muy enfadada con su padre.

—¡Por favor! No tengas tanta prisa. Ya contarás luego tu historia —le dijo María a su marido—. Hagamos lo que quiere Ainhoa. Al fin y al cabo, hoy es su cumpleaños.

—De acuerdo. Que hable Bambulo, entonces. Yo aprovecharé para seguir cenando —concedió el marinero de Terranova poniendo más *lasagna* en su plato.

—Pero, ¿de qué puedo hablaros? No se me ocurre ningún tema —dijo Bambulo. Con la crisis, se había vuelto dubitativo, sensible, humilde. Uno de los perros más dubitativos, sensibles y humildes del continente.

—¿Por qué no nos hablas de historia? —le dijo Panchi, *Cabecita de Ajo*—. ¿Has descubierto algo nuevo? ¿Algún perro que haya sido protagonista de un hecho histórico importante?

—No es fácil, Panchi —respondió Bambulo llevándose una patata frita a la boca y hablando con mucha parsimonia—. A los perros no nos ha ocurrido lo que a la patata. Como tú mismo has dicho antes, la patata fue primero despreciada, y luego ensalzada. Los perros, en cambio, seguimos como siempre, apartados, marginados, expulsados de la Historia. Pensemos por ejemplo en estas fiestas navideñas. Se nos dice que lo que se quiere recordar con ellas es lo sucedido en un pueblo de Judea, Belén o *Bethlehem*. Sin embargo, nadie habla de los perros que anduvieron por allí y que tanta importancia tuvieron en lo ocurrido. La Biblia sigue diciendo lo de siempre, y así seguirá por los siglos de los siglos.

—Amén —dijo el marinero de Terranova sin levantar la cabeza de su plato de *lasagna*.

—¿Qué nos quieres decir, Bambulo? —intervino Panchi, *Cabecita de Ajo*—. ¿Acaso no estás de acuerdo con la Biblia? Lo único que dice la Biblia es que, en Belén, hace unos dos mil años, nació un niño llamado Jesús, hijo de José y María…

—Y que nació en un pesebre —continuó Bambulo—, y que unos pastores fueron a adorarle, lo mismo que unos magos, y que sus padres, al enterarse de que el rey Herodes pensaba cortar la cabeza a todos los niños menores de dos años, decidieron marcharse a Egipto…

—Así es. Muy bien dicho —dijo Panchi.

—Muy bien dicho, sí. Bonita historia —dijo el marinero de Terranova, que ya había terminado su segunda ración de *lasagna* y volvía a estar impaciente.

—Pues no. Muy mal dicho. Las cosas no sucedieron como parece —dijo Bambulo.

—No. Las cosas no sucedieron como parece —repitió Ainhoa.

—¿Qué nos quieres contar, Bambulo? —dijo Jon en tono de burla—. ¿Que en la historia de Belén falta un perro, un antepasado tuyo?

—¡Zorobambul! —exclamó Bambulo—. Se llamaba Zorobambul.

—¿Cómo? —preguntaron todos los que estaban sentados a la mesa.

—¡Zorobambul!

—Sin embargo, ese nombre no aparece en ningún sitio —protestó Ariadna—. Ni san Mateo ni san Lucas citan ese nombre en sus escritos. Y, la verdad, me cuesta creer en la mala fe de los dos santos. De haber habido un perro en Belén, ellos lo habrían citado.

—Yo no dudo de la buena fe de san Mateo y san Lucas —se defendió Bambulo—. Pero todo el mundo se puede equivocar, incluso un santo. Sobre todo cuando dicho santo no es un amante de los perros. Fijaos, por ejemplo, en que san Lucas habla de que «los pastores de Belén fueron corriendo y encontraron a José y María, y a un recién nacido que estaba en un pesebre», sin acordarse para nada de los perros que acompañaban a aquellos pastores. Sin embargo, los perros estuvieron presentes. ¿Cuándo se ha visto a un pastor sin perro? Que yo sepa, nunca, en ninguna parte. Allí donde hay un pastor, hay siempre un perro. Pero, ya digo, ni san Lucas ni san Mateo eran amantes de los perros y no se acordaron del pequeño detalle. Ni ellos ni los que luego escribieron que «un buey y un asno dieron calor al recién nacido». Claro, yo no me atrevo a afirmar que cerca del pesebre no pudiera haber bueyes o asnos. A lo que sí me atrevo es a decir que la presencia de perros era mucho más probable que la de las demás individualidades. Pero, vayamos al grano, hablemos de Zorobambul.

—¡Sí! ¡Vayamos al grano! ¡Hablemos de Zorobambul! —dijo el marinero de Terranova. Después de la *lasagna* se había comido un trozo de tarta, y sus ganas de hablar iban creciendo minuto a minuto.

—Zorobambul era el perro del rey Herodes. Ni más ni menos —dijo Bambulo rápidamente—. Sin embargo, a pesar de vivir en un palacio y rodeado de mimos, no era orgulloso, y se pasaba la vida en la calle jugando con los otros perros de Belén. Un día, uno de aquellos perros, un perro pastor, le habló del niño que había visto en un pesebre y que al parecer había nacido con buena estrella. «Pues poco le va a durar la buena estrella», le dijo Zorobambul. «¿Por qué lo dices? Yo le vi muy sano», comentó el perro pastor. «Por algo que escuché ayer en palacio. Herodes ha ordenado que todos los niños menores de dos años sean degollados. Creo que piensan empezar mañana», informó Zorobambul. «Pues, ¡qué pena!», dijo el perro pastor. «Si quieres, le avisamos para que se marche», propuso Zorobambul con gran nobleza. La propuesta fue aceptada por el resto de los perros, y allí se fueron todos, donde el niño. Se pusieron

delante del pesebre y comenzaron a ladrar de una forma insoportable. «¡Callad, perros, que Jesús está dormido y lo vais a despertar!», les gritaba José. Pero ellos ladra que te ladra. Al final, como bien podéis suponer, acabaron echándolos de Belén. «Vámonos a Egipto, María, que allí los perros son más tranquilos», dijo José antes de ponerse en camino. Así que ya veis lo importantes que fueron los perros, y sobre todo Zorobambul, en aquel momento de la Historia. De no ser por su actitud, ¡quién sabe…!, el mundo no sería el mismo.

—¡Increíble! —exclamaron Jon y Ariadna. Expresaban lo que en aquel momento estaban pensando todos.

—¿Lo decís en el buen sentido? —preguntó entonces Bambulo.

—¡Sí! —dijo Ariadna.

—¡No! —dijo Jon.

—Bambulo, terminar tú ahora la *lasagna*. De lo contrario, enfriar —dijo María, olvidándose una vez más de hablarle normalmente. Temía que se iniciara una discusión, y no quería. No aquella noche. No la víspera de Navidad, cumpleaños de la pequeña Ainhoa.

El riesgo de una discusión era, sin embargo, remoto. Su marido, el marinero de Terranova, no estaba dispuesto a esperar más. No. En absoluto. De ninguna de las maneras.

—Mamulo, me ha gustado mucho la historia de Zorobambul. ¿Quieres un poco de tarta? —dijo Ainhoa.

—Calla, calla, pequeña, que tu padre está hablando —dijo el marinero.

No era verdad, pues aún no había abierto la boca, pero la excitación le confundía.

—¿Y de qué estás hablando, papá? —preguntó Ainhoa extrañada.

—De lo que le ocurrió a un joven marinero que se fue a Terranova. Se llamaba Urkizu.

A partir de ese instante no hubo forma de callar a aquel hombre. Tomó la palabra y contó la historia que tú, lector, vas a poder leer ahora gracias a Bambulo, que la recogió y la puso en un documento, y gracias también a mí, que la corregí y mejoré. Adelante, pues, a disfrutar se ha dicho.

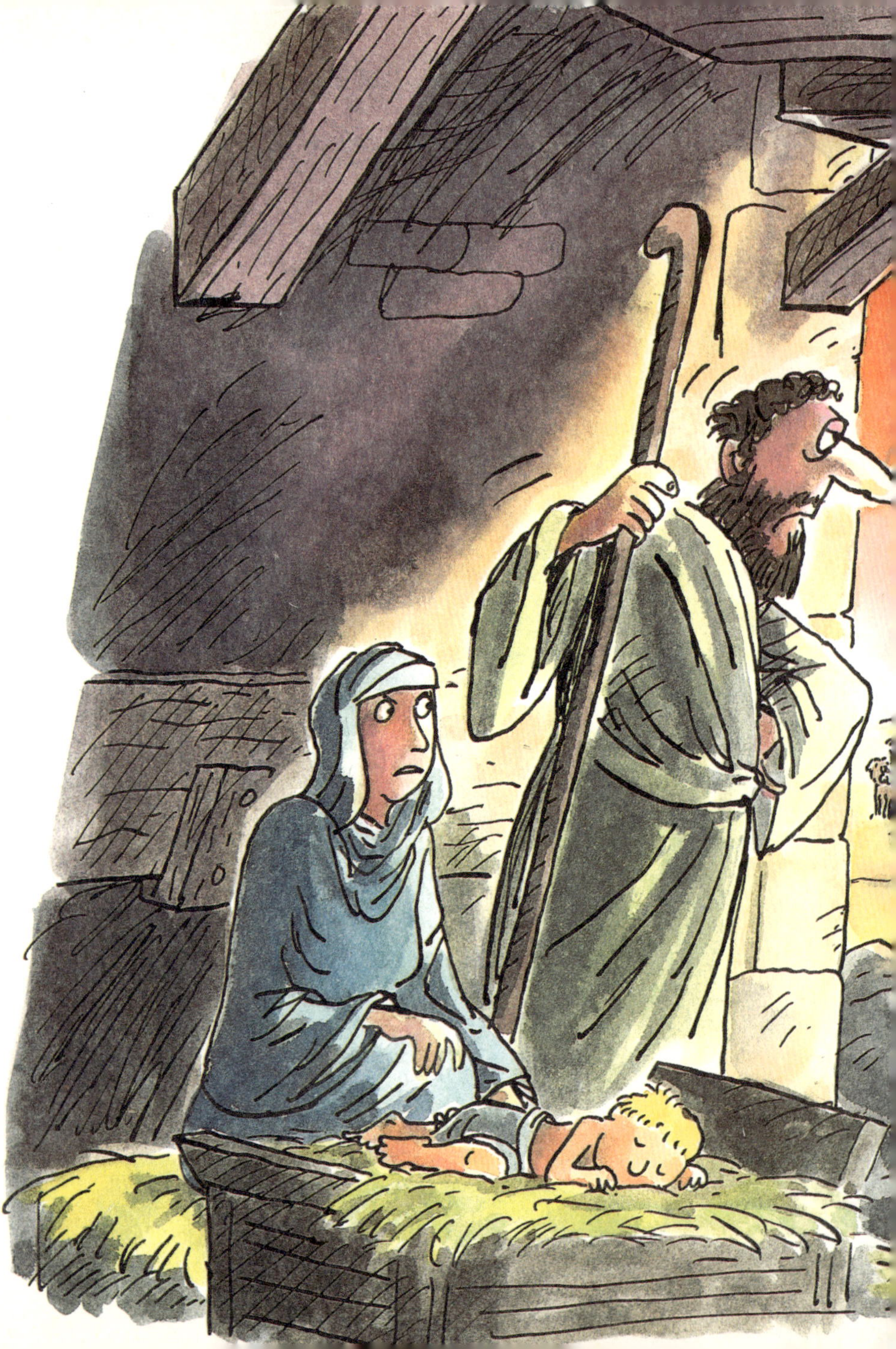

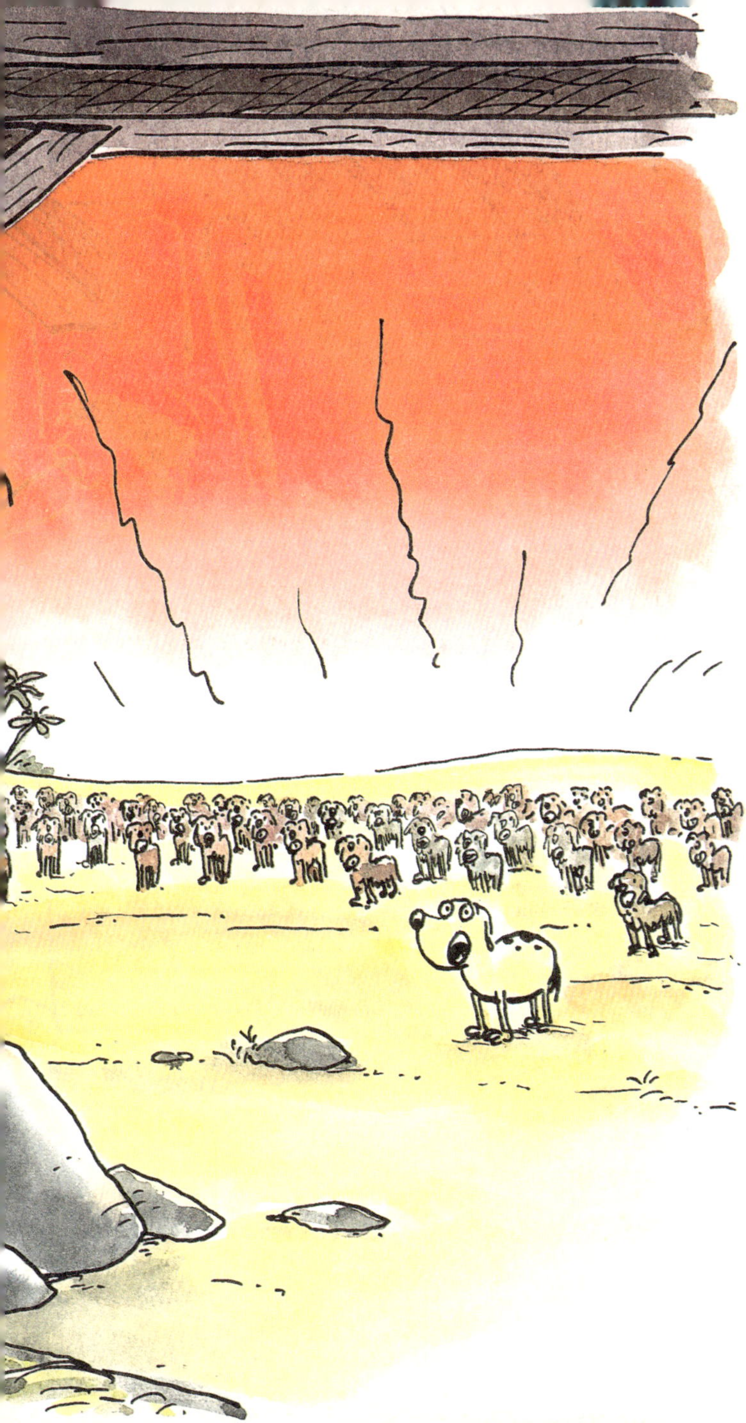

HISTORIA DEL MARINERO URKIZU

I

Hace más de cien años, un pesquero del País Vasco zarpó rumbo a Terranova o, mejor dicho, rumbo a *Ternua*, que es como llamaban los vascos de la época a esa parte del Canadá que tanta importancia tuvo para los pescadores de bacalao. Formaban la tripulación quince hombres, además de un muchacho huérfano de apenas quince años que iba a realizar la primera gran travesía de su vida. Su nombre era Urkizu, y enseguida se ganó el aprecio de todos por su inteligencia y su humildad. Terminada su labor, siempre se mostraba dispuesto a arreglar una red o a pelar patatas. Si algún marinero pedía ayuda, el joven Urkizu era el primero en acudir.

Sin embargo, los marineros del pesquero no conocían todavía su mejor cualidad. La descubrieron en el puerto francés de La Rochelle, cuando se vieron en la necesidad de reponer los sacos de garbanzos que la humedad había echado a perder.

El muchacho, Urkizu, fue el último en desembarcar, pero el primero en hablar. Viendo a sus compañeros en apuros, se plantó delante del grupo y habló así a unos marineros que trabajaban en el arreglo de una red:

—*Hardi les gars! Nous voulons acheter pois chiche.*

Con sus incorrecciones, la frase quería decir más o menos lo siguiente:

—¡Hola, muchachos! Queremos comprar garbanzos.

Los marineros de La Rochelle señalaron un almacén del puerto, y todos se dirigieron hacia allí.

—¿Dónde has aprendido tú la lengua de Francia? —le preguntó sorprendido el patrón del barco, Joanes. Los marineros esperaron la respuesta con curiosidad, ya que en aquella época, hace más de cien años, la gente solía hablar una sola lengua.

—Pues no lo sé. Oyes algo aquí, algo allá, y al final aprendes —dijo Urkizu con su modestia habitual.

—¿Que aprendes? ¡Pues yo no he aprendido una sola palabra en la vida! ¡Y mira que ha sido una larga vida! —dijo Matush, el marinero de más edad del barco. El resto de la tripulación estuvo de acuerdo, y todos se rieron con ganas.

Lo sucedido en La Rochelle tuvo su repetición en un puerto de Inglaterra. En aquella ocasión, se vieron en la necesidad de comprar patata, pues la que llevaban en el barco había echado brotes.

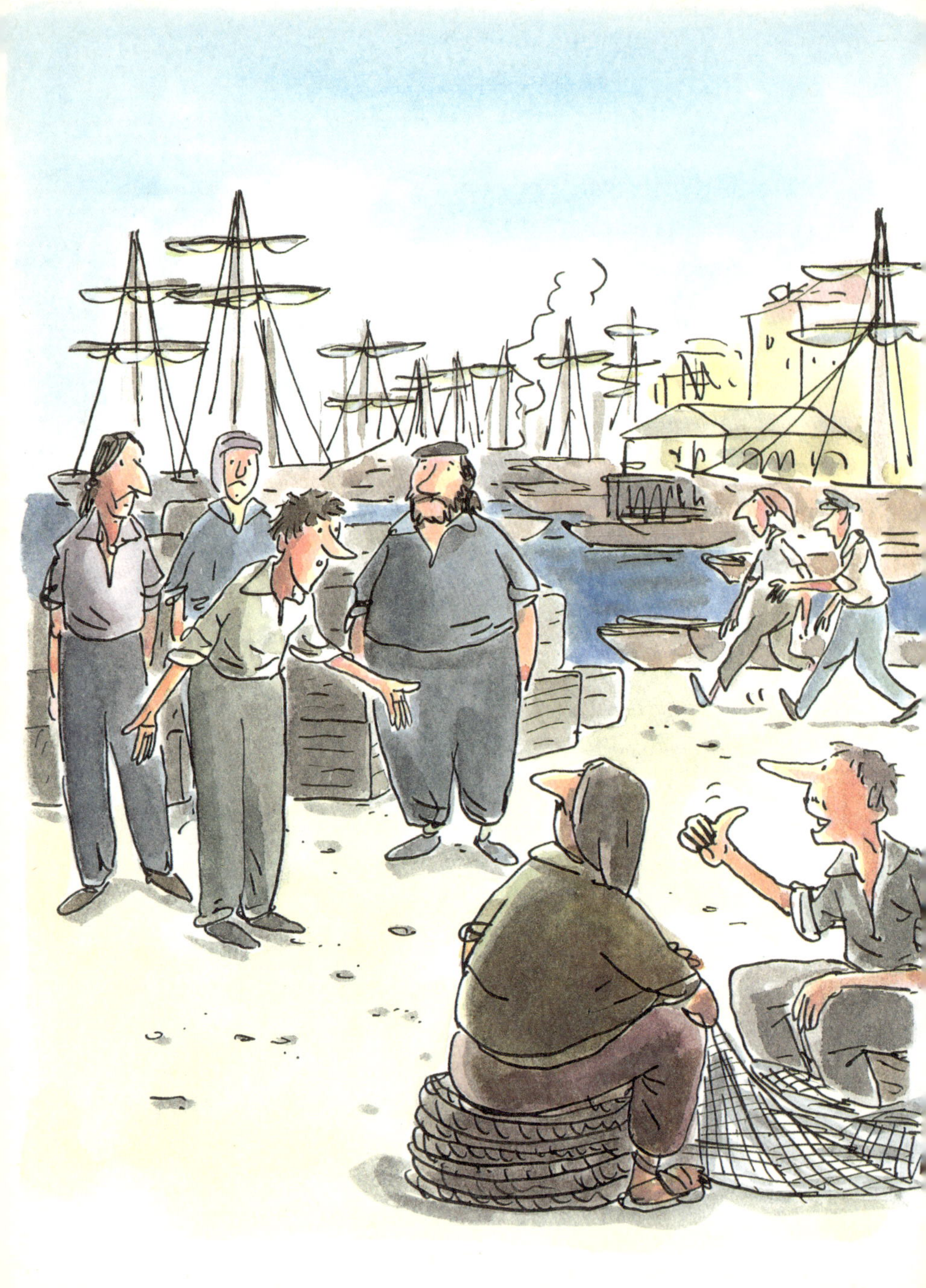

—*Where can buy potatoes?* —preguntó el joven Urkizu en el puerto.

Con sus incorrecciones, esas palabras querían decir lo siguiente:

—¿Dónde podemos comprar patatas?

Al igual que en La Rochelle, también en el puerto inglés consiguieron su objetivo. Regresaron al barco con la compra hecha.

—¿Así que también conoces esta lengua? —le dijo el patrón Joanes—. Supongo que la habrás aprendido por ahí, sin saber cómo.

—Pues sí —respondió Urkizu—. No sé por qué, pero oigo una palabra y se me queda en la cabeza —añadió a modo de explicación. Toda la tripulación le observaba, y él se sentía obligado a decir algo, ante las miradas de admiración de sus camaradas.

Necesitaron siete días para llegar a Terranova, y durante todo ese tiempo Joanes, el patrón del barco, estuvo dándole vueltas a la cabeza. La facilidad que parecía tener el muchacho para aprender lenguas podía serles de gran utilidad. Para ellos era muy importante ganarse la confianza de los nativos de Terranova, porque ello facilitaría el intercambio de productos —ropa, tabaco o café a cambio de pieles de zorro blanco—, y podrían además conseguir su colaboración a la hora de secar y ahumar el bacalao y todo lo que habieran pescado. El problema era que los nativos, los llamados «esquimales», eran poco sociables, y siempre se mantenían a distancia.

—No hay forma de acertar con esos esquimales. No sabemos qué piensan, y eso hace que nuestros intentos de acercarnos a ellos se vayan a pique. Si el muchacho aprendiera su lengua, trabajaríamos mejor. Mucho mejor.

El patrón Joanes había decidido confiar sus pensamientos a Matush, y el viejo marinero le contestó guiñando el ojo y con una carcajada:

—¡Es una buena idea! ¡Una idea excelente! Ese muchacho es más listo que el diablo y seguro que enseguida consigue entenderse con los esquimales.

Llegaron por fin a Terranova, a la isla que en aquella época recibía el nombre de Port aux Basques, y se dirigieron al lugar en el que solían faenar, en las proximidades de una zona que ellos denominaban «Portutxo». Se pusieron al abrigo, y los marineros se dedicaron a limpiar y poner en orden el barco. Al anochecer, el patrón Joanes y el viejo marinero Matush llamaron al joven Urkizu.

—Mira, muchacho, he hablado con Matush, y hemos tomado una decisión.

—Díganme —respondió el muchacho con toda tranquilidad, con la mirada fija en aquella tierra de Terranova o *Ternua*. A la pálida luz del sol de medianoche, su impresión fue la de que se encontraba en un lugar desolado y desierto. No parecía que allí hubiera casas, ni árboles ni rastro alguno de vida. Sin embargo, la apreciación era, al menos en parte, errónea. No muy lejos del barco, cerca de unas rocas, unas veinte morsas chapoteaban en el agua.

El patrón Joanes le comunicó sin rodeos sus pensamientos. Necesitaban un intérprete, ésa era la cuestión.

—Ahora estamos a principios de julio —concluyó, haciendo cálculos—. Emprenderemos el regreso al País Vasco dentro de dos meses y medio, aproximadamente. ¿Qué te parece? ¿Crees que podrás aprender su lengua en ese tiempo?

—Algo aprenderé, supongo —respondió el muchacho con su modestia de siempre.

—¡Más de lo que aprendería yo en veinte años, eso seguro! —exclamó el viejo Matush.

—Mañana desembarcaremos y tendremos el primer contacto con los esquimales. Les ofreceremos una recompensa a cambio de que te cuiden —dijo el patrón Joanes mirando, él también, a las morsas que chapoteaban entre las rocas y a la llanura yerma que se extendía

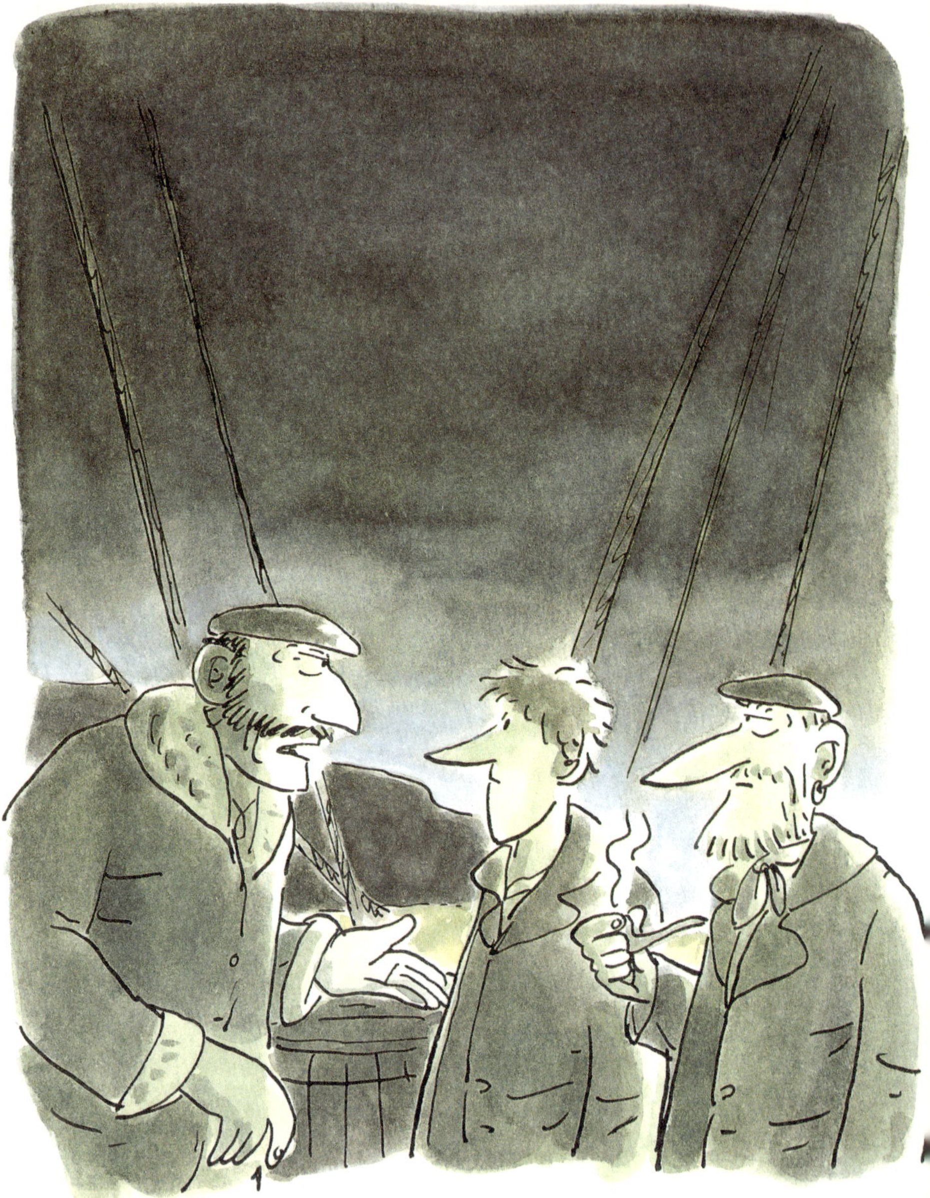

más allá. Todavía quedaban restos de nieve. El largo invierno del norte se resistía a abandonar el lugar.

—Les ofreceremos tabaco a cambio de tu manutención. Los vuelve locos. Se pasarían la vida con la pipa en la boca —añadió Matush.

—Igual que tú —dijo el patrón con sorna, pues raro era el momento en que Matush se separaba de su pipa.

II

Al día siguiente, tras caminar durante varias horas bordeando la isla, el patrón, Matush y el joven Urkizu llegaron hasta una pequeña playa acompañados de los marineros encargados de transportar los baúles. Allí, en aquel solitario lugar, tenían instalado su campamento los esquimales que Joanes y Matush conocían de otros viajes. En el momento de su llegada, todos los miembros del grupo, unos treinta, se afanaban preparando arpones, flechas y arcos para la caza. La temporada del caribú estaba próxima.

—En vísperas de salir a la busca del caribú se ponen un poco nerviosos —dijo el patrón Joanes.

—¿Por qué? —preguntó el joven Urkizu. A él no le parecía que los esquimales estuvieran nerviosos. Los que sí lo estaban eran sus perros, los huskys. A medida que ellos se acercaban al campamento, los ladridos se hacían más insistentes y fuertes.

—Porque la carne del caribú es prácticamente su único alimento durante el invierno —respondió el patrón—. Si no consiguen suficientes presas, no podrán alimentarse.

—Además, tienen que recorrer un largo camino. Los caribúes se encuentran mucho más al norte —añadió el viejo Matush.

—¿Y si me fuera con ellos? —preguntó el muchacho. Nunca había visto un caribú, y sentía curiosidad.

—Ni hablar. No te dejarían —dijo el patrón.

—Iré tras ellos. Los seguiré.

—¡De ninguna manera! —se opuso el patrón Joanes mostrando su autoridad—. Para aprender la lengua, lo mejor es que te quedes en el campamento. Los niños y los jóvenes se quedan aquí. Y las mujeres también. Te será más fácil hacerte amigo de ellos.

—Tampoco con los jóvenes y las mujeres va a ser fácil —dijo Matush—. Son muy desconfiados. Puede que pasen varias semanas antes de que empiecen a tratar contigo. Yo no les he oído una palabra en la vida. Cerramos el trato como buenamente podemos, y a otra cosa.

—¿Para qué necesitan la carne del caribú? —preguntó el joven Urkizu volviendo al tema anterior—. ¿No tienen bastante con las morsas?

El viejo marinero Matush dejó escapar un grito, una especie de carcajada.

—¡Ya se nota que es la primera vez que vienes aquí! —dijo—. Por si no lo sabes, esas grandes morsas andan siempre a escondidas. Son muy prudentes y escurridizas, y es difícil acercarse a ellas. Para cuando un esquimal consigue apuntarla con su flecha, la morsa ya se ha hecho vieja. Claro que si tuvieran esto...

Matush levantó su arma. Era un fusil Winchester 73 de seis tiros. Un fusil hermoso de verdad. Afirmaba habérselo comprado a un buscador de oro en un puerto de Canadá.

Mientras hablaban, habían llegado al centro del campamento. El joven Urkizu pensó entonces que lo que Matush había dicho sobre las morsas valía también para aquellas gentes que tenía delante. Los esquimales parecían prudentes, escurridizos, esquivos. Los miraban con rostros serios, sin un sólo gesto de saludo. Los únicos que sonreían eran los niños.

Finalmente, se sentaron todos en el suelo y, «como buenamente pudieron», valiéndose de muecas y gestos, con-

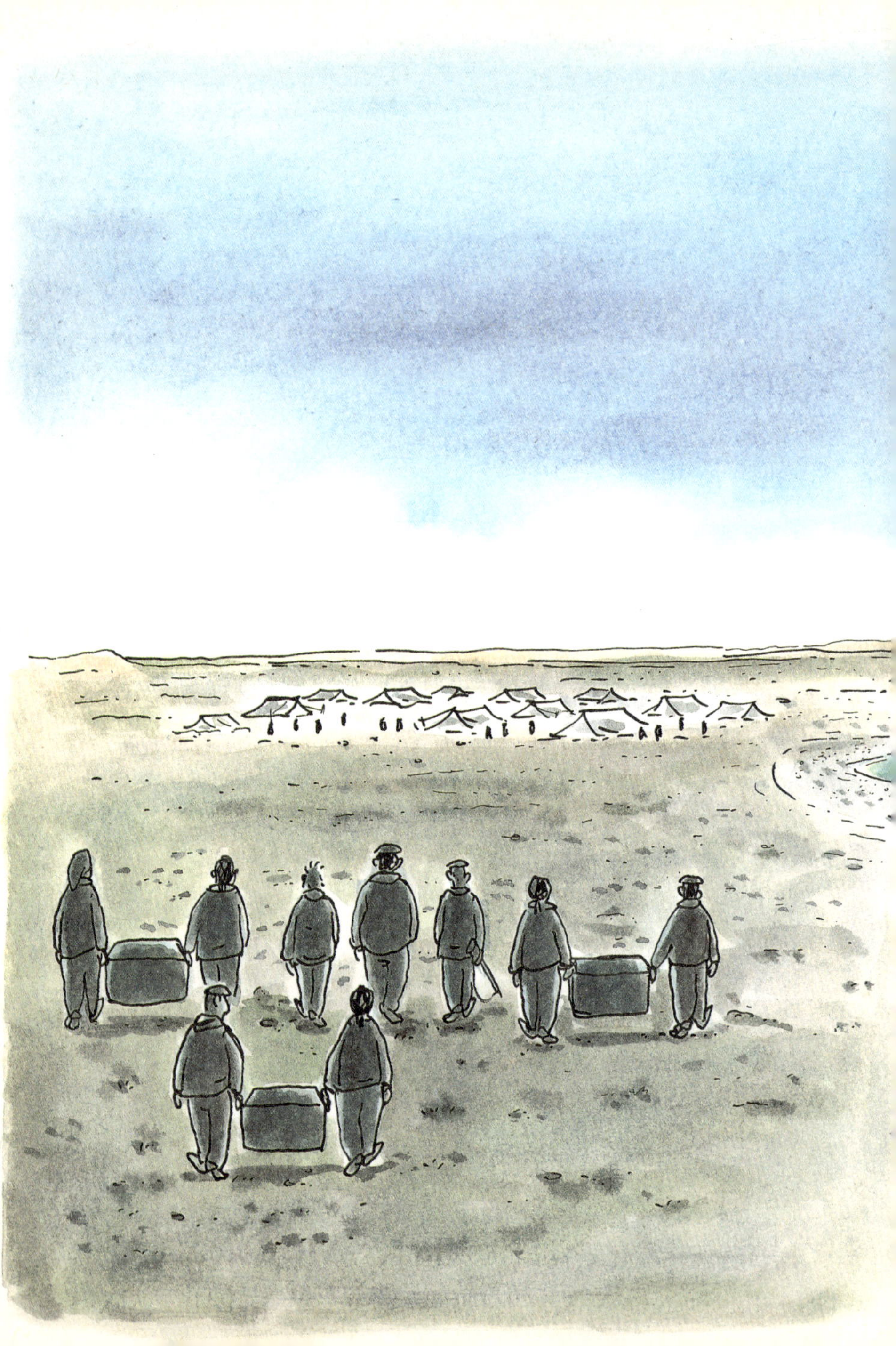

siguieron cerrar dos tratos con los esquimales. Recibirían cuarenta pieles de zorro blanco a cambio de otros tantos kilos de galleta; por otra parte, el jefe de los esquimales prometía hacerse cargo del joven Urkizu por diez kilos de tabaco. El muchacho tuvo la impresión de que aquel jefe entendía bien la propuesta y estaba dispuesto a cumplir su palabra.

El segundo trato resultó más difícil que el primero, ya que los esquimales recelaban que los marineros no habían dicho toda la verdad. Creían que lo que en realidad pretendían los marineros era desembarazarse de un compañero enfermo. Pero cuando vieron al joven Urkizu saltando y haciendo cabriolas y poniéndose cabeza abajo, dejaron de lado sus sospechas y aceptaron la oferta. Fue entonces, por otra parte, cuando se vieron las primeras y últimas sonrisas de la reunión.

Llegada la hora de volver al barco, el patrón tomó del brazo a Urkizu.

—Acompáñanos hasta allí —le dijo apuntando hacia una roca situada a unos quinientos metros del campamento—. No quiero marcharme sin darte unos consejos.

—Como usted diga —accedió el muchacho.

Se despidieron de los esquimales y echaron a andar. Los marineros que acarreaban los baúles iban en cabeza, seguidos de cerca por Matush, el patrón Joanes y el muchacho.

La roca era grande, de unos veinte metros de altura, y estaba llena de oquedades y agujeros. Parecía el sitio ideal para dar cobijo a buitres y águilas. Pero aquello no era obra de las aves, sino del viento y del agua.

Se situaron en un punto donde resultaban invisibles para los esquimales del campamento.

—Mira, Urkizu —empezó entonces el patrón Joanes con cierta solemnidad. El muchacho se conmovió, pues era la primera vez que el patrón le llamaba por su nombre—. Vas a quedarte aquí, entre esta gente extraña, y confieso que no me siento muy tranquilo. No sé si he hecho bien al pedirte lo que te he pedido. Es verdad que nos conviene conocer su lengua, pero también podíamos haber seguido como hasta ahora. En cualquier caso, el trato está cerrado, y no podemos echarnos atrás.

—Eso mismo pienso yo —respondió el muchacho con firmeza.

—¡Sacad los víveres! —ordenó el patrón Joanes. Al instante, los marineros sacaron diez sacos de uno de los baúles y los depositaron en el suelo.

—Galleta y pescado ahumado. ¡Lástima que no haya sidra! —se rió Matush.

—Pongámonos en el peor caso —continuó el patrón Joanes con su aire solemne—. Supongamos que no te dan comida, o te la dan más bien escasa. Pues, basta con que vengas aquí. Dejaremos los sacos en este escondrijo. ¿Ves?

Los marineros se movían arriba y abajo por la roca mientras iban metiendo los sacos en una oquedad más grande que las demás.

—¿Sabes por qué ponemos los sacos tan arriba? —dijo Matush—. Para que no los robe algún oso. A los osos les encanta la galleta.

—De aquí a un mes, a principios de agosto, te haremos una visita, a ver cómo va todo. Te traeremos más galleta y pescado.

—Muchas gracias, patrón. Pero no me hará falta. No creo —dijo Urkizu. Tenía en mente las sonrisas de los niños esquimales.

Era el momento del adiós. Sin embargo, Matush no quería marcharse sin añadir algo.

—Todavía te acuerdas de cómo funciona un Winchester 73, ¿no? —dijo agarrando el fusil con las dos manos y mostrándoselo—. El que pueda echar mano de esto no corre peligro. ¿Que se acerca un oso? *¡Pum!*, a la cabeza. ¿Que se presenta uno de esos esquimales con un cuchillo? *¡Pum!*, a la cabeza...

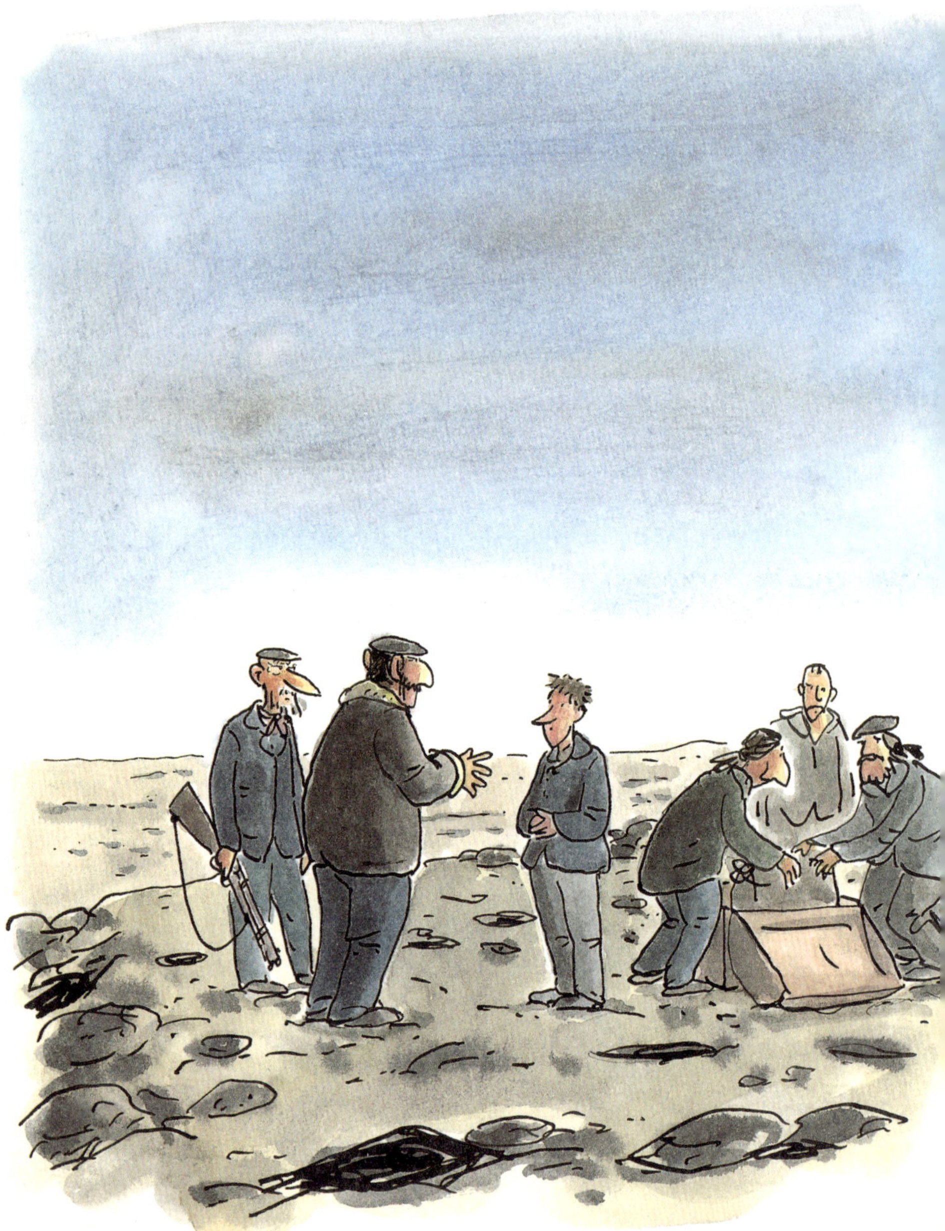

—¿Cómo puedes hablar de esa manera tan poco cristiana? —le interrumpió el patrón Joanes. Pero no dijo nada más, y con su silencio le dio la razón al viejo marinero. La solitaria y fría Terranova podía ser una tierra peligrosa. Una buena arma nunca estaba de más.

—Quédate con el fusil. Será tu mejor amigo —dijo Matush al muchacho.

—Llevo un arma mejor aquí, en el bolsillo —dijo entonces Urkizu. Todos se le quedaron mirando.

El joven sacó una peonza y un trozo de cuerda.

—Mira, muchacho, más vale que tomes el fusil y te dejes de tonterías —se impacientó Matush.

—Te lo agradezco, pero creo que con esto me las arreglaré. En nuestro pueblo, en cuanto me pongo a jugar con esta peonza, todos los niños vienen corriendo a verme. Aquí pasará lo mismo, supongo. Haré amigos enseguida, no se preocupen.

Los camaradas del barco le miraban con admiración. No había duda de que se trataba de un muchacho inteligente y cabal.

—Puede que tengas razón —dijo al fin el patrón Joanes—. Lo que pasa es que nosotros tenemos grabadas en la memoria las viejas canciones, y no nos fiamos de los esquimales. Pero, al fin y al cabo, ¿nos ha pasado algo a nosotros desde que empezamos a tratar con ellos? ¡Jamás! ¡Tal vez va siendo hora de echar por la borda las viejas canciones!

El patrón Joanes tenía en la mente una canción muy popular entre los marineros vascos de la época: *Ternuako penak*.

Ternuan dira salbaiak
ere iskimau etsaiak,
giza bestia krudelak,
hilik jaten marinelak.

Uda luzean Ternua
marinelen ifernua,
herrian parabisua,
bai azken errepausua. *

Matush casi siempre se mostraba de acuerdo con el patrón Joanes, pero esta vez no fue así.

—¡La vieja canción dice la verdad! ¡El muchacho debería quedarse con mi Winchester! —dijo.

---
*En Terranova hay salvajes, enemigos esquimales, bestias humanas crueles que matan marineros y se los comen.
Un largo verano de Terranova, un infierno para el marinero. El pueblo natal, un paraíso; allí irá a tomar su último descanso.

—No, Matush. No me hace falta —se obstinó el muchacho.

—¡Está bien, Urkizu! ¡Está bien! —exclamó el viejo marinero. Como hiciera el patrón poco antes, Matush llamaba por su nombre al que hasta ese momento no había sido más que un simple grumete.

—¡A ver si aprendes mucho! —dijo el patrón Joanes dándole una palmada en la espalda.

—¡Apuesto a que sí! —añadió Matush propinándole otra palmada, pero mucho más fuerte—. ¡Cómo queréis que no aprenda! ¡Es tan listo como terco!

Era la despedida, y el joven Urkizu echó a correr hacia el campamento de los esquimales. No quería que el momento se alargara.

III

Los primeros días que Urkizu pasó en el campamento fueron tranquilos, tal vez demasiado tanquilos. Los esquimales le ignoraban, y todos, tanto los jóvenes como los viejos, lo mismo las mujeres que los hombres, continuaban con los preparativos para la caza del caribú. Sentado a la puerta de la tienda que le habían asignado, el joven Urkizu se repetía que debía tener paciencia. Antes de dar el primer paso le convenía observar a los esquimales. Controlar la situación.

En aquellos primeros días, el único problema fue la comida. De vez en cuando, un joven de su edad se acercaba con unos cuantos peces y se los dejaba delante, sobre una tabla. Pero los peces —ahí residía el problema— solían estar crudos, tal como los habían sacado del mar, y comerlos así era algo que a cualquier vasco le habría revuelto las tripas. Más de una vez tuvo la tentación de correr hasta el agujero redondo de la roca y traerse unos buenos trozos de galleta a la tienda, pero después de pensarlo se decía que no: para aprender la lengua de aquellas gentes debía aclimatarse al lugar y adoptar sus costumbres. Así pues, cierta mañana, cerró firmemente los ojos y dio un mordisco al más pequeño de los peces de la tabla. Al verle, los esquimales se echaron a reír. Y el que más rió fue el muchacho de su edad que solía traerle la comida.

El joven Urkizu rió también con ganas, convencido de que lograría integrarse en el grupo y hacer amigos.

Llegó por fin el momento de salir a la caza del caribú, y los alegres ladridos de los huskys llenaron el campamento. Ya se iban, ya se iban todos los cazadores con sus arpones, sus flechas y sus arcos. Llevaban en los trineos abrigos confeccionados con pieles de oso, sabedores de que las

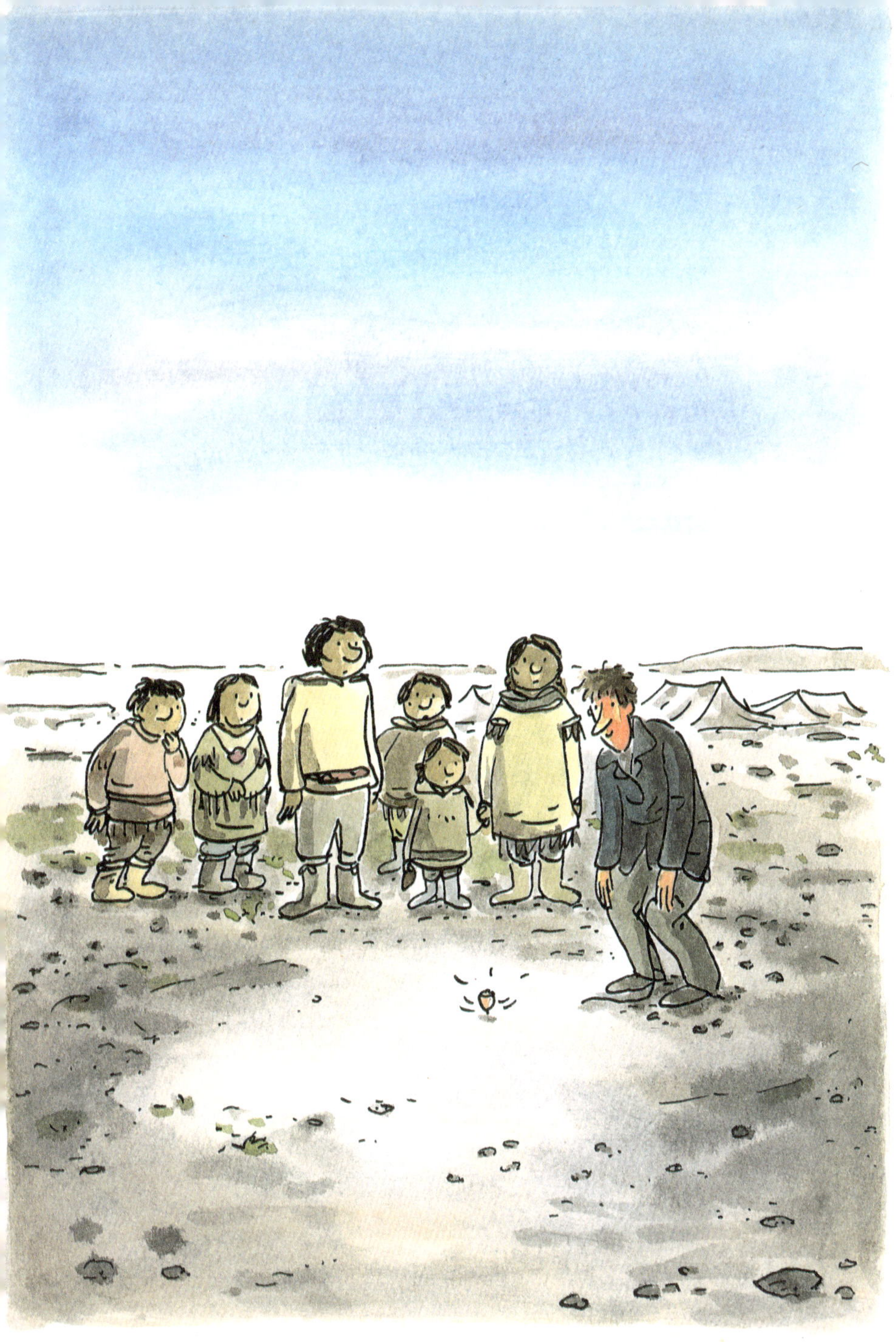

llanuras del norte estarían cubiertas de nieve y de que también el campamento estaría nevado cuando regresaran. Mujeres, ancianos, muchachos y muchachas... todos siguieron a los cazadores durante un trecho; luego se dieron la vuelta y regresaron cabizbajos al campamento. El joven Urkizu pensó que a los esquimales no les gustaban las despedidas. En eso se parecían a él.

Sacó la peonza al día siguiente. Encontró en el campamento un lugar limpio de piedras y de barro, y se puso a jugar tranquilamente. El joven que solía traerle la comida se acercó enseguida —«antes de que la peonza diera cien vueltas», pensó Urkizu más tarde—, y tras él fueron llegando, con la misma rapidez, todos los jóvenes y niños del grupo de esquimales.

—¿Quieres probar? —preguntó Urkizu al joven que le solía traer la comida. Le ofreció la peonza y la cuerda.

El joven esquimal dio un pequeño grito de alegría, y arrolló en un instante la cuerda. Pero al dar el siguiente paso no tuvo tanto éxito: lanzó la peonza, pero ésta rodó por el suelo como una piedra, sin que la cuerda se desenrollara.

—No, así no —dijo Urkizu reforzando sus palabras con un gesto de la mano. Luego, recogió la peonza del suelo, decidido a enseñarle cómo lanzarla. Todos prestaron atención. Estaban ansiosos por aprender el nuevo juego.

No pararon de lanzar y recoger la peonza hasta que llegó la hora de acostarse. Mientras tanto, Urkizu dio un gran paso hacia su objetivo: aprendió el nombre del joven que le traía la comida. A aquel muchacho todos le llamaban Kalaut.

—¡Tú, Kalaut! —le dijo, apuntándole con el dedo. A continuación dirigió el dedo hacia sí mismo—. ¡Yo, Urkizu! —exclamó.

—¡Urkishu! —repitió el joven esquimal. Y todos se echaron a reír. También Urkizu, porque era así como le llamaban los amigos de su pueblo, Urkishu.

Debile principium melior fortuna sequatur, reza el antiguo dicho latino, es decir, que a un comienzo débil le sigue una suerte mejor, y así sucedió con la amistad de Urkizu y Kalaut. Aunque el blanco sol del norte hacía que los días fueran larguísimos, a ellos les resultaban muy cortos. ¡Eran tan diferentes sus costumbres! ¡Tenían tanto que enseñarse mutuamente! Urkizu utilizaba una caña para pescar en las proximidades de la playa; Kalaut, en cambio, se servía de un arpón llamado *kokawod*. Urkizu hacía fuego y asaba los peces que habían pescado, Kalaut se reía de ello. A Urkizu le daban miedo los osos que de vez en cuando se acercaban al campamento, y Kalaut también se reía de ello. Cuando caminaban sigilosamente hasta el lugar en el que solían estar las morsas y los enormes animales huían de ellos aden-

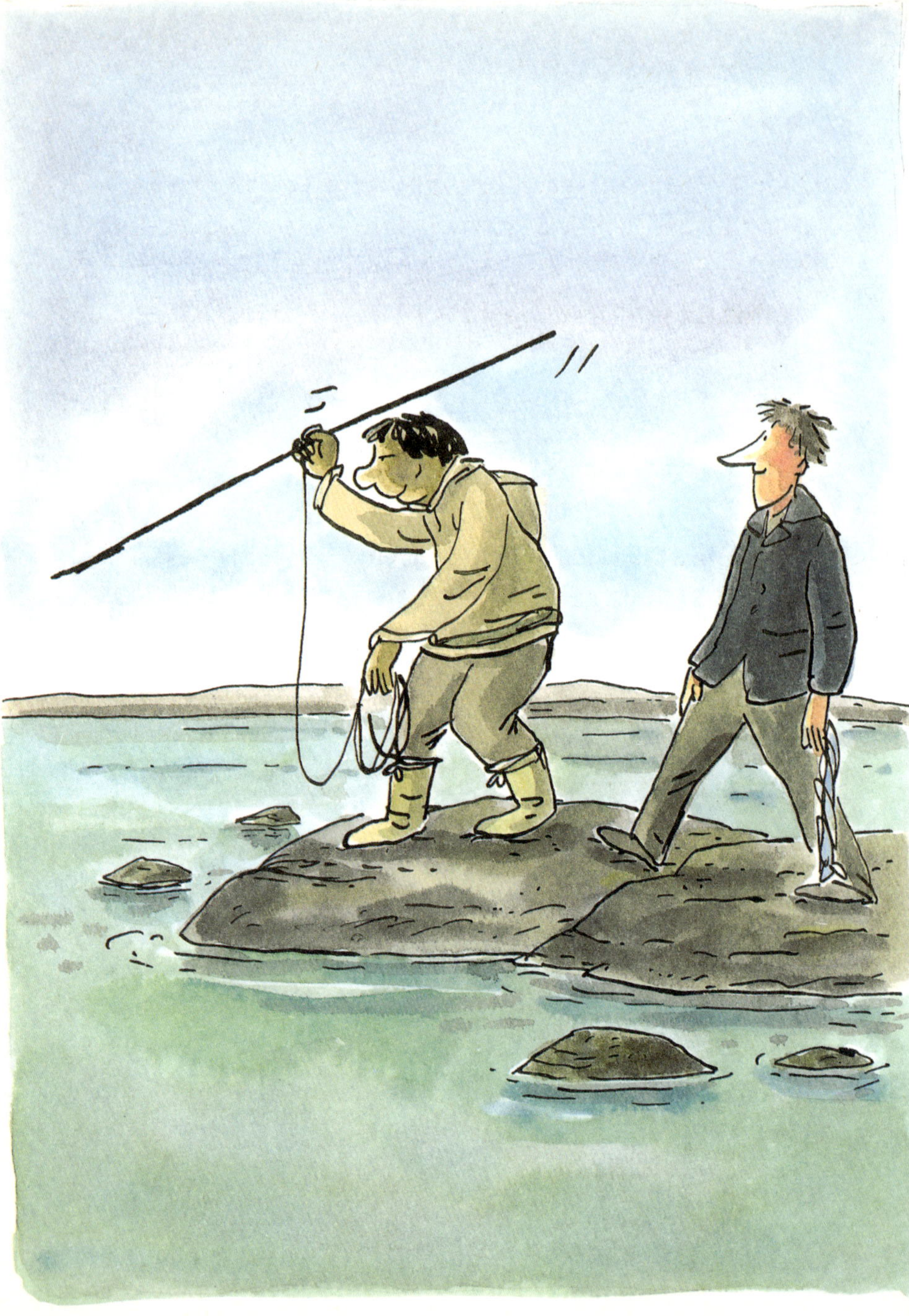

trándose en el mar, Kalaut se encolerizaba y se ponía a gesticular, y Urkizu, sin dejar pasar la ocasión, se burlaba de él con grandes carcajadas.

A comienzos de agosto, oyeron un largo silbido.

—Son los hombres de mi barco, que me están llamando —le dijo Urkizu a Kalaut sin tiempo de tomar plena conciencia de lo que ocurría.

El silbido atravesó el aire por segunda vez. Tras caminar hasta uno de los extremos del campamento, vieron las figuras de cuatro o cinco hombres al pie de la roca agujereada.

—¡Pero si están ahí! —exclamó Urkizu comprendiendo ya la situación. Se despidió de su amigo y partió veloz hacia sus viejos compañeros de tripulación.

Matush fue el primero en abrazarle.

—¡No se puede decir que hayas engordado, pero tampoco tienes mal aspecto! —dijo el viejo marinero con los gritos y carcajadas que le caracterizaban.

—¿Qué tal, Urkizu? —le dijo el patrón Joanes, dándole también un abrazo.

—¡Te hemos traído galleta y algo de pescado! —le informaron los dos marineros que transportaban el único baúl.

—¡Pero si ni siquiera he probado lo que dejasteis antes! —exclamó Urkizu mirando hacia la redonda cavidad de la roca.

—¿No te ha hecho falta?

—La verdad, ni me he acordado. Al principio pasé algunos apuros, pero pude salir adelante comiendo pescado crudo.

—¡Este muchacho me llena de asombro! —dijo Matush dándole una palmada en la espalda.

—¿Han regresado los cazadores que fueron en busca del caribú? —preguntó el patrón con la mirada puesta en el campamento.

—No volverán hasta dentro de un mes —respondió el muchacho—. Y ustedes, ¿qué tal?

—Estamos pescando muy bien —respondió el patrón—. La única novedad es que hemos probado la carne de morsa. Gracias a Matush.

—No fue gracias a mí, sino gracias a esto —precisó Matush mostrando su Winchester 73.

—Pues, tal como dije entonces, no me ha hecho falta —dijo Urkizu—. Me ha bastado con la peonza.

—Y el idioma, ¿qué tal? —preguntó el patrón.

Urkizu les explicó con detalle todo lo que había aprendido, y, entre otras muchas cosas, les hizo saber que la palabra *esquimal* era muy poco apropiada. Si querían trabar amistad con aquellas gentes, era mejor no llamarlos nunca así, porque era un nombre que habían inventado los indios para burlarse de ellos.

—¿Qué significa, pues? —preguntó el patrón Joanes.

—«El que come carne cruda», o algo así —respondió el joven Urkizu.

—Una verdad como un templo, ¿no? —dijo Matush dando la razón a los indios.

—Comen pescado crudo. Eso es verdad. Pero aparte de eso hacen un montón de cosas —razonó Urkizu—. Por ejemplo, construyen unos juguetes muy bonitos para los niños. Y también son muy hábiles confeccionando ropa. ¿Por qué llamarlos, entonces, «los que comen carne cruda», y no «los que hacen ropa y juguetes bonitos»?

—¡Cómo hablas! ¡Mira que eres listo! —exclamó Matush dándole una segunda palmada en la espalda.

—Si no son esquimales, ¿qué son? —preguntó el patrón con mucha seriedad.

—Inuitas. Es así como llaman a su pueblo: *inuit*. Y su lengua es el *inuk* o *inupik*.

—*Inuk, inuit...* —repitió el patrón Joanes como para sí—. ¿Cuántas mujeres hay en este instante en el campamento, Urkizu? —preguntó luego—. Capaces de trabajar, quiero decir.

—Aproximadamente ocho —dijo el muchacho tras hacer sus cálculos. Transcurrido un mes desde que se instalara en el campamento, conocía bastante bien el pueblo de su amigo Kalaut.

—¿Y hay alguien que tenga más autoridad que los demás?

—Según mi amigo Kalaut, el jefe del grupo es el anciano llamado Nanuk. Y luego está Motima, la mujer principal del campamento —explicó el muchacho.

—Lo pregunto porque me gustaría que algunas mujeres fueran a Portutxo a limpiar y ahumar el pescado que hemos recogido. Así tendríamos mucho más tiempo para pescar y regresaríamos al País Vasco con el triple de capturas.

—Entonces tendrá que hablar usted primero con Nanuk. Primero con Nanuk y luego con Motima.

—*Inuk*, Nanuk, Motima... ¿Cuántas palabrejas has aprendido? —quiso saber Matush.

—Unas cuantas. No muchas —respondió Urkizu con modestia.

—Yo conseguiría aprender unas diez al mes. No más —dijo Matush con resignación, como si su falta de talento le apenara.

—¿Para qué necesitas más, Matush? —le tentó uno de los marineros que habían cargado con el baúl—. Con menos de la mitad, te sería suficiente. Con acordarte de cómo se dice pipa, cómo se dice tabaco, vino, aguardiente...

—¡Y fusil! —cortó Matush, alzando su Winchester de seis tiros.

—Ya basta —dijo Joanes, poniendo punto final a las bromas—. Vayamos al campamento a cumplir con nuestra labor. A ver si tenemos suerte. Con ocho mujeres dispuestas a trabajar nos será suficiente.

—Vamos a intentarlo —dijo el joven Urkizu seriamente. Tenía la sensación de haber estado de vacaciones, gastanto su tiempo en juegos, y se sentía en deuda. Quería satisfacer a sus compañeros.

—Adelante, pues —ordenó el patrón Joanes—. Vosotros no. Vosotros poned la comida que hemos traído junto con la anterior, y esperad aquí —dijo a continuación a los dos marineros que habían transportado el baúl—. Y en cuanto al fusil, Matush, mejor que no lo lleves. No quiero asustar a los inuitas —concluyó.

—¡Inuitas! ¡Para mí seguirán siendo esquimales! Soy viejo, y no olvido las viejas canciones.

Matush empezó a cantar:

> *Ternuan dira salbaiak*
> *ere iskimau etsaiak,*
> *giza bestia krudelak,*
> *hilik jaten marinelak...**

---

*En Terranova hay salvajes, enemigos esquimales, bestias humanas crueles que matan marineros y se los comen.

—Siempre con la misma historia, Matush. Se ve que te vas haciendo viejo —le dijo el patrón.

—¿Es preciso dejar ahí esa comida? —dijo Urkizu, cuando los dos marineros empezaron a subir los sacos de galleta y pescado ahumado a la oquedad grande—. Me parece inútil, la verdad. Ya les he dicho que ni siquiera he tocado la que me dejaron antes

—No te preocupes. Si cuando regresemos dentro de un mes siguen ahí, volveremos a llevar todos los sacos al barco —dijo el patrón.

Se pusieron en marcha hacia el barco. A su derecha, más allá del campamento, un grupo de morsas entraba y salía del agua. De vez en cuando, al zambullirse, hacían brotar una espuma blanca en la superficie del mar.

IV

El patrón Joanes sabía cómo hablar a la gente y hacer que los asuntos tomaran el rumbo que él quería. Cuando llegaron al campamento, utilizó a manera de saludo la palabra que acababa de aprender.

—¡Amigos inuitas! —gritó. Tanto las mujeres como los hombres del campamento le miraron sorprendidos, y luego sonrieron. No recordaban a ningún otro extranjero que los hubiera llamado por su nombre—. ¡Amigos inuitas! —repitió el patrón—. Necesito unas cuantas mujeres para limpiar y ahumar el pescado. Os prometo que las trataremos bien y que os las devolveremos bien alimentadas. Además, os daremos veinte sacos de café y una buena porción de tabaco a cambio de su trabajo. Ésas son las condiciones del trato que os propongo.

Una vez formulada la propuesta, el patrón volvió la vista hacia el joven Urkizu, para ver si era capaz de traducir sus palabras a la lengua de los inuitas.

El joven Urkizu tenía al lado a su amigo Kalaut, y con su ayuda —unas veces despacio y otras más rápido, con algún que otro trompicón— explicó a la gente del campamento la propuesta.

—¡Dios mío! ¡Qué es esto! —suspiró Matush. Le parecía estar presenciando el milagro de la multiplicación de las lenguas, y se sentía desfallecer.

Hubo una discusión, porque el jefe de los inuitas, el anciano Nanuk, no quería que las mujeres se marcharan solas. El ofrecía cinco mujeres y cinco hombres. Sin embargo, el patrón Joanes, a la vista de los hombres que no habían marchado a la caza del caribú —la mayoría de ellos eran viejos, otros enfermos—, lanzó

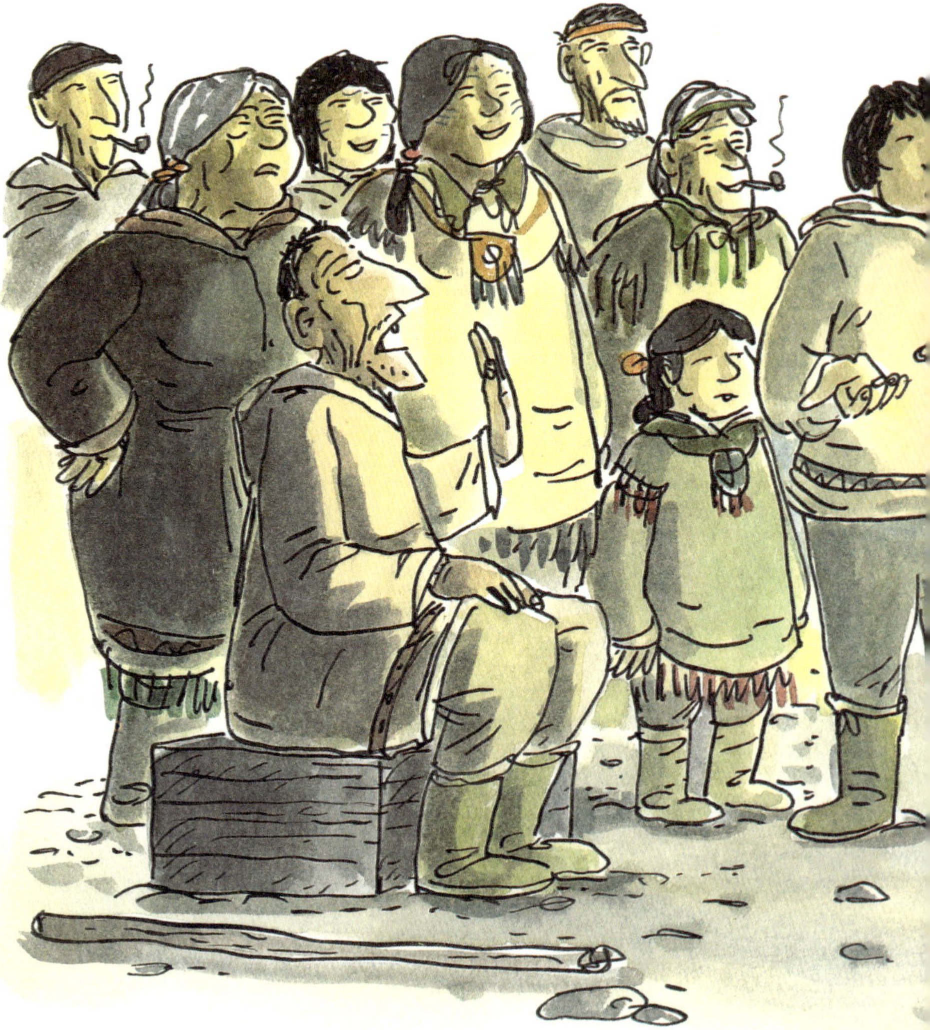

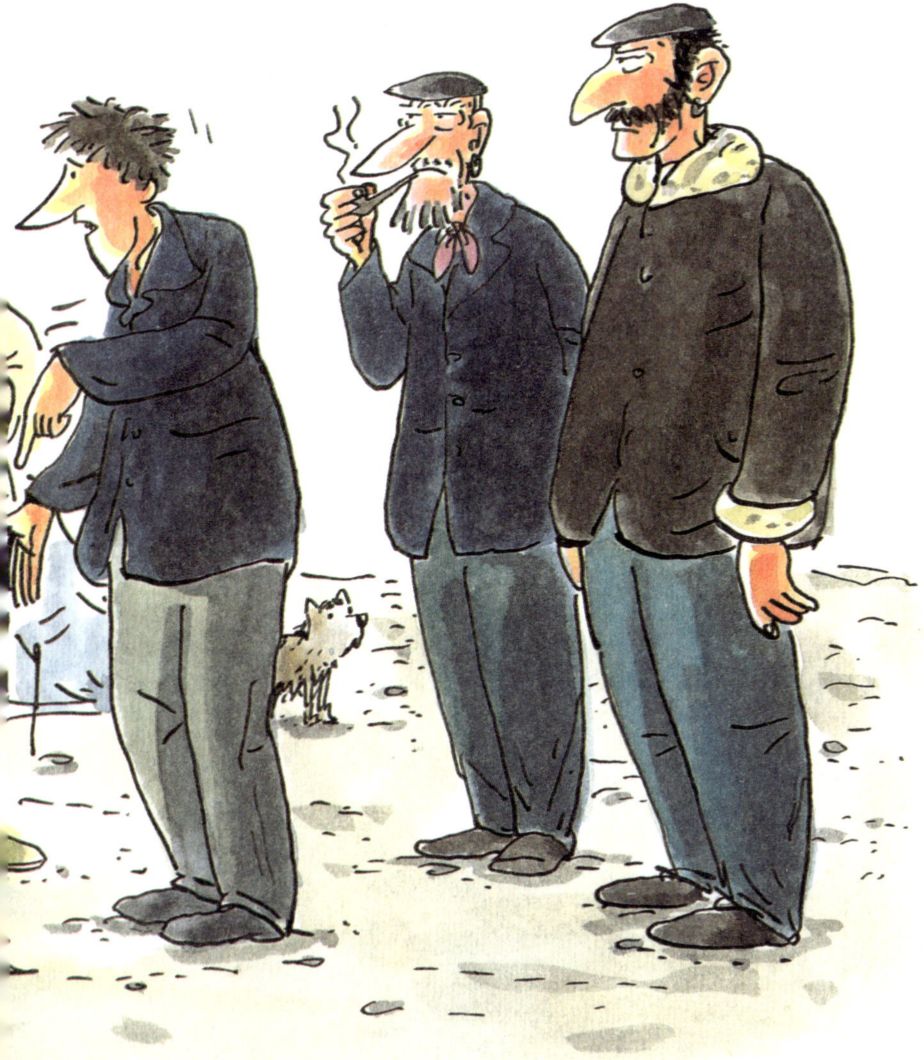

una nueva propuesta: se llevaría ocho mujeres y cuatro hombres.

—¿Qué dicen? —preguntó a Urkizu cuando terminaron de discutir su nueva oferta.

—Siete mujeres y cinco hombres. Nanuk dice que es su última palabra. Y Motima está de acuerdo con él —tradujo el joven Urkizu.

—¡Diles que sí, Joanes! —exclamó Matush.

—Sí. ¡De acuerdo! ¡Vale! —gritó el patrón, mirando hacia Nanuk y asintiendo con la cabeza—. ¡Gracias, Urkizu! —susurró luego al muchacho lleno de alegría. Acababa de acordar el mejor trato de su vida, y sabía perfectamente a quién se lo debía.

Dos horas más tarde, el grupo salió en dirección a Portutxo, el lugar donde estaba amarrado el barco. Encabezaban la marcha el patrón y los dos marineros, seguidos muy de cerca por los doce inuitas. Matush cerraba la comitiva.

—¿No te quieres venir con nosotros, Urkizu? ¿No has aprendido ya suficiente? —preguntó Matush, separándose del grupo y acercándose al muchacho. Éste negó con la cabeza.

—Todavía sé muy poco, Matush. Tengo que aprender más —respondió. El joven Kalaut, testigo de la conversación, se rió a carcajadas al oír la respuesta de su amigo.

—¿Qué pasa? ¡No me dirás que este esquimal entiende nuestra lengua! ¡Lo que faltaba! —Matush parecía enojado ante la reacción de Kalaut.

—Intercambiamos palabras. Es una buena forma de pasar el tiempo —dijo Urkizu.

—Sí. Urkishu tiene razón —confirmó Kalaut.

Matush lanzó un largo suspiro. Era evidente que el mundo iba cambiando, y que los jóvenes no eran como él. Eran mucho más inteligentes.

—Entonces, te quedas —le dijo a Urkizu.

—Sí, Matush. Me quedo.

—Tú verás, muchacho. Tú verás —volvió a suspirar Matush. ¿Qué podía hacer él en una situación así? Nada. Se echó al hombro su Winchester 73 y se puso en marcha hacia el barco.

V

El tiempo empeoró con la llegada del otoño, y el sol, que hasta entonces había sido blanco, se volvió rojizo, como si le hubieran puesto delante un cristal ahumado. Enseguida, respondiendo a la llamada de la oscuridad, apareció la nieve, y con ella un viento cortante y frío, terrible, que venía del polo norte. Al oír sus aullidos y lamentos, parecía que era el espíritu del invierno, no el del otoño, el que soplaba y amenazaba a cuantos ponían los pies en el suelo de Terranova. «¡Fuera! ¡Fuera de aquí! Daré muerte al que se atreva a quedarse», parecía gritar el espíritu del viento.

El patrón Joanes escuchó el mensaje, y decidió dar por finalizada la temporada de pesca. Había conseguido embarcar el mayor cargamento de pescado de su vida —gracias, sobre todo, a la ayuda de los inuitas—, y era el momento de hacer la tercera y última visita de aquel año al campamento.

Los inuitas que habían estado ausentes se reunieron con sus familiares y amigos en medio de un gran alboroto, con risas y gritos de alegría que fueron multiplicándose a medida que los marineros vaciaban los baúles y dejaban su contenido, los sacos de café y tabaco pactados, ante los jefes Nanuk y Motima. Ellos no sentían temor ante los aullidos y lamentos amenazantes, ni siquiera los tomaban en cuenta. Al fin y al cabo, conocían su tierra, Terranova; estaban acostumbrados a sus vientos, noches, nieves, tormentas y fríos; sabían conformarse con su destino.

Urkizu y sus compañeros se abrazaron y se pusieron a hablar, primero atropelladamente, con gritos y muecas —sobre todo por parte de Matush—, y luego con más calma. El primer comentario de los marineros fue referente a la comida: habían echado un vistazo a la oquedad de la roca, y los sacos de galleta y pescado ahumado estaban intactos; ¿quería decir eso que los inuitas —los «esquimales», según Matush— le alimentaban bien? Urkizu les respondió diciendo que no había pasado hambre y mostrándoles sus fuertes brazos. Además, habían conseguido dar caza a una enorme morsa de unos doscientos kilos, allí mismo, en la playa; pieza que les había servido de alimento durante muchos días.

—Así es como he vivido —acabó Urkizu.

—Sí, así es como has vivido. Como un salvaje —se burló Matush—. Incluso tu apariencia es la de un «salvaje», con esas pieles de animales que llevas.

Matush señaló la zamarra del muchacho, de piel de caribú.

—Da mucho calor —explicó Urkizu.

—¡Un cristiano con piel de caribú! ¿Cuándo se ha visto algo semejante? —insistió Matush riéndose del muchacho.

Finalmente, las bromas bajaron de tono y el patrón Joanes tomó la palabra:

—¡A propósito! ¿No han vuelto todavía los cazadores de caribúes? —preguntó. Estaba sorprendido, y movía los ojos en todas las direcciones.

—Pues, no. No han venido. Los del campamento dicen que este año hay mucha caza, y que se quedarán en las tierras del norte hasta reunir una buena cantidad de cabezas —respondió Urkizu.

El patrón Joanes arrugó la frente. Parecía preocupado.

—En mi vida he visto una cosa igual —le apoyó Matush—. Tienen el invierno a las puertas y resulta que siguen cazando. No me lo puedo creer.

—Pues es lo que dicen. Que no vuelven porque van a intentar abatir el mayor número posible de caribúes —repitió Urkizu.

El patrón Joanes frunció el ceño.

—Es cosa sabida que el hombre no consigue todo lo que desea —suspiró.

Urkizu intuía el motivo de tal decepción. De haber regresado los cazadores, Joanes habría podido efectuar el último trato antes de volver al País Vasco, ya que, además de carne de caribú, los cazadores traerían pieles de zorro blanco, tan apreciadas en París.

—¡No te pongas tan serio, Joanes! —le dijo Matush dándole un golpe en la espalda—. Cuando vinimos para dejar aquí a Urkizu nos llevamos un buen montón de pieles. Y tenemos cantidad de bacalao en el barco. No es bueno pedir demasiado. A eso se le llama codicia.

Se encontraban en un extremo del campamento, mientras los inuitas repartían el café y el tabaco entre las familias. En un momento dado, uno de los repartidores entró en la tienda de Urkizu.

—Te tratan como si fueras uno de ellos. Te han llevado la parte de tabaco y de café a la tienda —le dijo el patrón Joanes, interpretando lo que acababa de ver—. Sabrás ya bastante bien su lengua, ¿no es así?

—No crea. He adelantado algo, y me arreglo bastante bien con mi amigo Kalaut. Pero cuando me hablan los ancianos, les entiendo muy poco —respondió el joven Urkizu con su modestia habitual.

—¡Porque les faltan dientes! ¡Igual que a mí! ¡A ver quién le entiende a un viejo sin dientes! —exclamó Matush.

Nadie siguió su broma, pues acababa de empezar a nevar y todos se pusieron a contemplar la caída de los copos blancos.

—Ya está aquí el invierno —dijo Joanes, vigilando el horizonte con el rabillo del ojo. ¿No volverían los cazadores? Pero no, en toda la costa de Terranova no parecía haber más movimiento que el de los viejos, mujeres y niños del campamento.

Los copos de nieve empezaron a caer de forma más intensa.

—Deberíamos marcharnos. Esto se va poniendo feo —dijo Matush, cubriéndose la cabeza con una capucha. No le gustaba el mal tiempo. Además, estaba deseando marcharse de Terranova. Quería embarcar y zarpar con rumbo al País Vasco.

El patrón Joanes asintió con la cabeza, pero sin dejar de vigilar el horizonte.

—Patrón —dijo entonces el joven Urkizu—. No se preocupe usted por los cazadores. Yo me encargaré de todo. Si me da permiso, me quedaré esperándolos y no cejaré hasta hacer un buen trato con ellos. A fin de cuentas, ¿qué importa si, en vez de este año, nos llevamos las pieles de zorro blanco el año que viene?

—¡Pero qué dices, muchacho! —dijo Matush muy alterado.

—¿Qué quieres decir, Urkizu? —preguntó el patrón en tono serio. Entendía perfectamente la propuesta, pero necesitaba oírla de nuevo para acabar de creerla.

El muchacho había dado muchas vueltas a lo que dijo a continuación:

—Quisiera quedarme aquí hasta el año que viene. Creo que es lo mejor que puedo hacer. Por una parte, aprenderé bien la lengua; por otra, me encargaré de negociar con ellos. A ver si podemos sacarles las pieles que traerán ahora

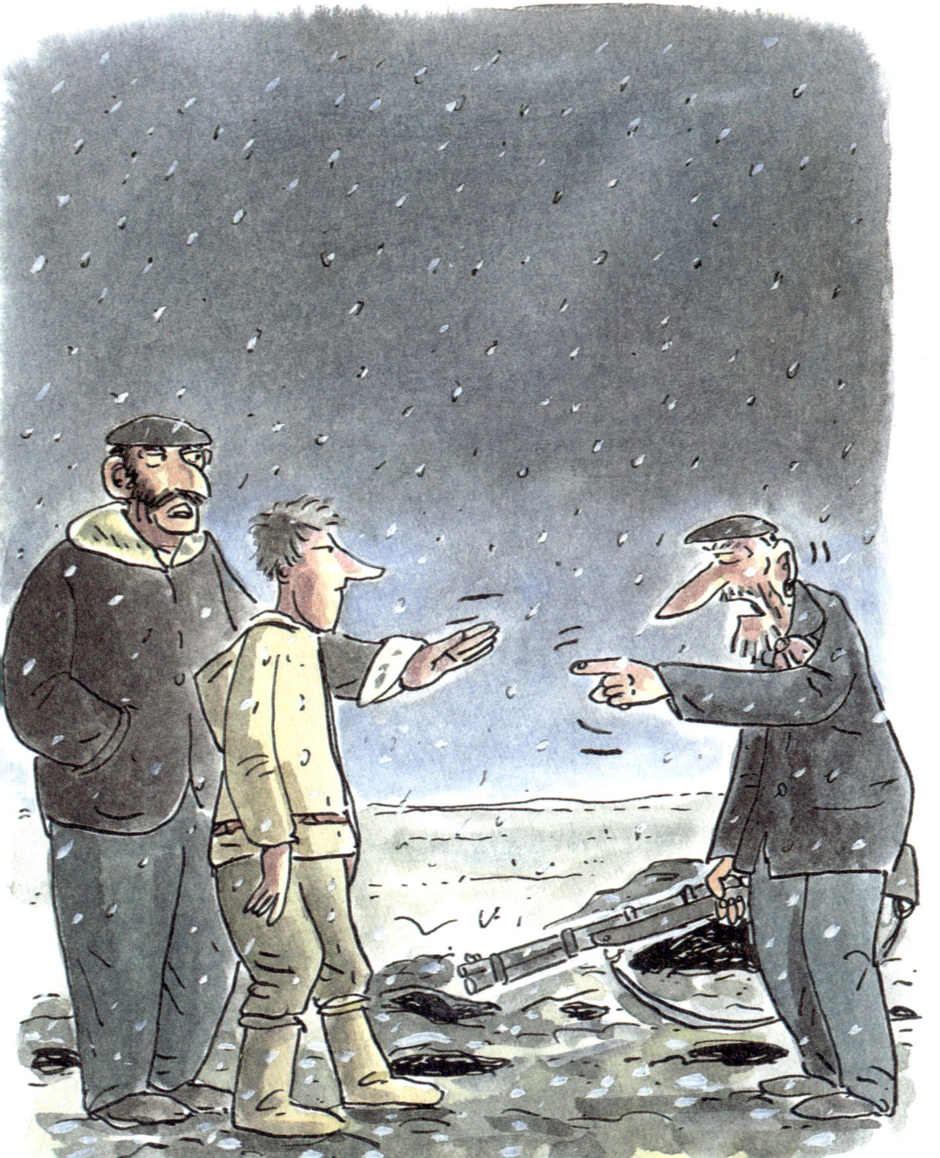

y también las que consigan a lo largo del año. Lo he pensado bien durante estos meses, y mi opinión es que sería mucho más ventajoso para nosotros cargar el barco de pieles y olvidarnos del bacalao.

Sus compañeros del barco permanecieron en silencio durante un buen rato. Todos le miraban con respeto.

—¡Vaya con nuestro pequeño patrón! —exclamó al fin uno de los marineros.

Matush no participaba de la actitud general. Se revolvió contra Urkizu con los ojos fuera de las órbitas. Estaba furioso.

—¡Eso es imposible! —gritó—. ¡El invierno de Terranova no es ninguna tontería! ¡Nadie pasa aquí el invierno por sólo dos motivos!

—Hay otro motivo, Matush. No tengo parientes en el mundo. Nadie me echará de menos —explicó Urkizu.

Sus compañeros de tripulación volvieron a quedarse en silencio. Conocían la situación del muchacho. Sabían que era huérfano desde los siete años.

—La casa de un marinero es su barco —protestó Matush sin demasiada convicción. Luego tuvo el propósito de explicarle que la familia de un marinero la formaban sus compañeros de tripulación, pero las palabras se le quedaron en la garganta.

Tampoco Urkizu expresó todos los pensamientos que en ese momento se movían por su mente. Los motivos que le empujaban a quedarse en Terranova no eran tres, sino cinco. Que se sentía feliz entre los inuitas, ése era el cuarto motivo: después de haber estado trabajando desde los siete años, aquella temporada había sido para él un descanso, una oportunidad para dedicarse a todos los juegos que en el pasado había tenido que dejar de lado. Y el quinto motivo: Kalaut y los demás amigos del campamento. La joven Enke, entre ellos, una sobrina de Nanuk que acababa de incorporarse al grupo.

—¡Tú no sabes cómo es aquí el invierno! —insistió Matush. Sin embargo, no eran sus palabras las que contaban, sino las del patrón Joanes.

—Matush tiene razón —comenzó éste muy despacio—. El invierno es muy duro en estas tierras. Toda el agua que ves aquí se helará.

El patrón Joanes se quedó mirando a la playa que tenían enfrente. Las olas, ahora ligeras, se helarían y detendrían en cualquier momento. Las morsas de la costa se verían obligadas a moverse entre placas de hielo.

—Cuando empieza a acumularse la nieve, los inuitas levantan el campamento y construyen en su lugar unas pequeñas casas de hielo —continuó el patrón. Saltaba a la vista que estaba pensando en otra cosa mientras hablaba.

—Las llaman «iglúes» —precisó Urkizu.

—El barco de mi hermano podría venir en marzo. El estaría encantado de poder llevarse las pieles de zorro blanco —dijo el patrón Joanes, volviendo al tema que le preocupaba. Todos comprendieron que había hecho sus cálculos y que la respuesta iba a ser afirmativa. Urkizu tendría el permiso para quedarse con los inuitas.

—Volveré en marzo con su hermano, patrón —dijo el muchacho seriamente.

—Pero, ¿qué clase de trato es éste? ¡No puede ser! ¡Joanes! ¡No puedes dejar aquí al muchacho! —dijo Matush excitado.

Al patrón Joanes no le gustaba que sus decisiones se pusieran en duda.

—El loco se nos ha vuelto prudente. ¡Lo que hay que ver en esta vida! —exclamó con frialdad.

—¡Y tú, tan codicioso como siempre! ¡Por siete duros de plata vas a poner en peligro la vida del muchacho! —gritó Matush irritado. Por mucho que Joanes fuera su patrón, él le hablaba con la cabeza muy alta. Era demasiado viejo para inclinarse ante nadie.

—¡Cállate, Matush! ¡Vuelves a hablar como un loco! —se enfureció Joanes.

—¡Dejarlo aquí! ¡Con estos salvajes! —gritó Matush alzando su Winchester. Los marineros que habían traído los baúles retrocedieron un par de pasos. Cuando le sacaban de sus casillas, el viejo marinero era capaz de cualquier cosa. Había que andarse con cuidado.

—Matush, tranquilícese, por favor. Respete mi voluntad. Quiero pasar aquí el invierno —le dijo Urkizu. Pronunció sus palabras con tanta humildad y tanta dulzura que el viejo marinero no supo qué argumentar.

—Perdonad mis gritos —dijo muy serio—. Os esperaré junto a la roca de los víveres. Repito que está nevando mucho y que nos conviene regresar al barco cuanto antes.

Las huellas de los zapatos de Matush se quedaron grabadas en la nieve recién caída. Joanes hizo un gesto a Urkizu, y los dos tomaron la misma dirección, con la mente puesta en los tratos que podrían hacerse durante el invierno. Los seis marineros que acarreaban los baúles salieron tras ellos.

Al poco tiempo, todos estaban junto a la roca. Había llegado el momento de despedirse. Como cabía esperar, fue Matush el que se mostró más apesadumbrado. Ofreció una vez más su Winchester 73 a Urkizu.

—Quédate con el fusil. Antes o después, lo vas a necesitar.

—Muchas gracias. Pero no me hace falta.

Matush le miró enfadado.

—¿Qué te has creído? ¿Que podrás sobrevivir con la peonza?

Urkizu guardó silencio.

—No seas terco, Matush. Los del campamento le tratan como a uno de ellos. ¿Qué le puede pasar? —dijo el patrón Joanes en tono conciliador.

Matush no le hizo caso, y miró directamente al muchacho. Tenía una mano levantada hacia la gran oquedad de la roca.

—Escucha bien lo que te voy a decir, Urkizu. Cuando apremie el hambre, no dejes que nadie se acerque a ese agujero de ahí arriba. Cómete tú solo la galleta y el pescado. Pero... ¡para qué estaré hablando! ¡No serás capaz! Tomarás todos los sacos y los repartirás en el campamento. Pues, ¡mira lo que te digo! ¡No eres tan listo como creía! ¡Ni mucho menos!

Matush, con la respiración agitada, dejó de hablar como si le faltara el aire.

—No pasaremos hambre. La carne de caribú será más que suficiente —se defendió Urkizu.

—¿La carne de caribú? ¿Y dónde están esos caribúes? ¡Yo no los veo por ninguna parte! ¡Habrá hambre! ¡Ya lo creo que la habrá!

Matush miró en todas las direcciones. Estaba nevando, no había más que hablar.

—Tenemos que irnos. Vamos a Portutxo —dijo el patrón Joanes, y todos los hombres, incluidos Matush y Urkizu, estuvieron de acuerdo. Se repitieron las palabras de despedida, un tanto apagadas, y cada cual emprendió su camino.

El joven Urkizu recorrió a toda prisa el trecho que le separaba de los inuitas. Quería desprenderse de la amargura que sentía por su discusión con Matush, y le parecía que la mejor fórmula para ello era reunirse con su amigo Kalaut y su amiga Enke, la joven que acababa de unirse al grupo.

Al llegar al campamento, vio un pájaro de plumas azules en el vértice de su tienda. Enseguida, el pájaro echó a volar en dirección al mar.

—Querrá marcharse a un sitio más cálido —pensó.

El pájaro desapareció completamente de su vista, como si se hubiera disuelto en el aire.

VI

Durante algún tiempo, Urkizu no pensó demasiado en las palabras de Matush. Como la astilla que cae al río y queda a merced de la corriente, la vida del campamento le arrastró hacia otras ideas, hacia otros sentimientos. Un día, toda su atención se concentraba en la construcción de los iglúes; al siguiente, se trataba de perseguir una morsa; al otro, de jugar y divertirse con Kalaut, Enke y los demás jóvenes y niños del campamento. Sin embargo, la situación cambió con la vuelta de los cazadores que habían marchado en busca del caribú.

El regreso coincidió con un momento de calma tras una fuerte tormenta de nieve, y la mayoría de las mujeres del campamento, las esposas y las madres de aquellos hombres, salieron a recibirlos con gran alegría, riéndose y dando gritos. Pero, al poco tiempo, todos se quedaron mudos. El silencio volvió a ocupar su sitio en la costa de Terranova.

—Algo pasa. Hasta los perros están callados —dijo Kalaut mirando a Urkizu. Se encontraban los dos, junto con Enke, en un iglú, tumbados sobre pieles de oso y entreteniéndose con un juego inuita semejante al ajedrez.

—¡Vamos, Enke! ¡Y tú también, Urkishu! —gritó Kalaut, deslizándose por la puerta del iglú.

Cuando llegaron al lugar donde estaban los cazadores y las mujeres no hizo falta que nadie les explicara lo que había sucedido: la caza había resultado infructuosa. Aquel año los caribúes no habían pasado por el norte de Terranova; aquel año no habría carne; aquel año andarían escasos de comida.

—Además, han perdido muchos perros —dijo Kalaut. Sólo habían sobrevivido cinco, que estaban medio muertos de cansancio. Los tenían atados a un trineo, a un *komatik* cargado de pieles de zorro blanco, y cada vez que intentaban dar un paso se tambaleaban.

Los cazadores entraron en fila india en el campamento acompañados de los cinco perros, y fueron a sentarse ante los jefes Nanuk y Motima. Luego, mientras bebían el café que les habían servido —lo tomaban en unas vasijas de metal que los pescadores habían traído en alguna de sus visitas—, dieron cuenta de su expedición. Habían esperado largo tiempo, aferrándose a la esperanza de lo que pudiera traer el mañana, pero los caribúes no habían aparecido. Sólo habían podido conseguir un centenar de pieles de zorro blanco.

—No nos pongamos tristes por este contratiempo —dijo Nanuk en voz alta—. Vamos a tomar más café. Y el que quiera fumar, que fume.

Los cazadores recibieron la oferta con una media sonrisa. Tenían la piel del rostro agrietada y con pequeñas heridas. Además, habían adelgazado mucho.

—Qué flacos están —les dijo Urkizu a Kalaut y Enke al darse cuenta del detalle.

—Nosotros estaremos igual dentro de unos meses —respondió Kalaut.

—Mi abuela murió de hambre un año en el que no hubo caribúes —añadió Enke.

Los dos se expresaron con mucho sosiego, sin dar muestras de inquietud. A Urkizu no le sorprendió: los inuitas siempre reaccionaban con mansedumbre. Se conformaban con su destino, incluso en las peores circunstancias.

Pero él no era inuita. Se sentía nervioso con lo ocurrido, porque, dejando a un lado el asunto del hambre, la nueva situación iba a complicar mucho los tratos de los que había hablado con el patrón Joanes. A la vista del aspecto que presentaban los inuitas, ¿cómo ponerse a hablar de la compra de aquel centenar de pieles de zorro blanco? No parecía lo más adecuado.

Fue entonces cuando, impulsadas por los acontecimientos y las nuevas preocupaciones, acudieron a su memoria las palabras de Matush:

—«¿La carne de caribú? ¿Y dónde están esos caribúes? ¡Yo no los veo por ninguna parte! ¡Habrá hambre! ¡Ya lo creo que la habrá!»

La vida en el campamento cambió radicalmente tras el regreso de los cazadores. Para decirlo con exactitud, se apagó, se detuvo, se hizo monótona. Enseguida, en cuanto el número de comidas se redujo a una al día, circuló la consigna de que había que permanecer en los iglúes ahorrando fuerzas y energías, y los miembros del grupo se pasaban la mayor parte del tiempo envueltos en pieles de oso y durmiendo. Sólo a unos cuantos cazadores —encargados, entre otras cosas, de la vigilancia—, les estaba permitido andar libremente por el campamento.

Se trataba de una ley que los inuitas aplicaban en las épocas en que la comida escaseaba. Era muy antigua, y extraordinariamente rigurosa.

Urkizu no tardó en tener noticia de aquella rigurosidad, de la ley, y de una manera bien dolorosa. Un día —era realmente muy aburrido permanecer en el iglú sin hacer nada—, Kalaut y Enke vinieron a preguntarle si le apetecía jugar, y entonces él, mostrándoles la peonza, les propuso jugar con ella.

—¿Girará bien sobre la nieve? —le preguntó Enke.

—Seguro que sí. Está muy dura —dijo Kalaut.

—¿Y los vigilantes? ¿Nos dejarán? —preguntó Urkizu. Jugar iba en contra de la ley.

—No lo sé —dijo Kalaut—. Pero yo creo que sí. Al menos hasta que nos descubran.

El incidente sobrevino enseguida, tan pronto como salieron y empezaron a jugar. La jefa Motima se acercó por detrás a Urkizu y le dio un golpe en la espalda con el martillo de hierro que utilizaban para romperles la cabeza a las morsas. Fue un golpe terrible, peligrosísimo.

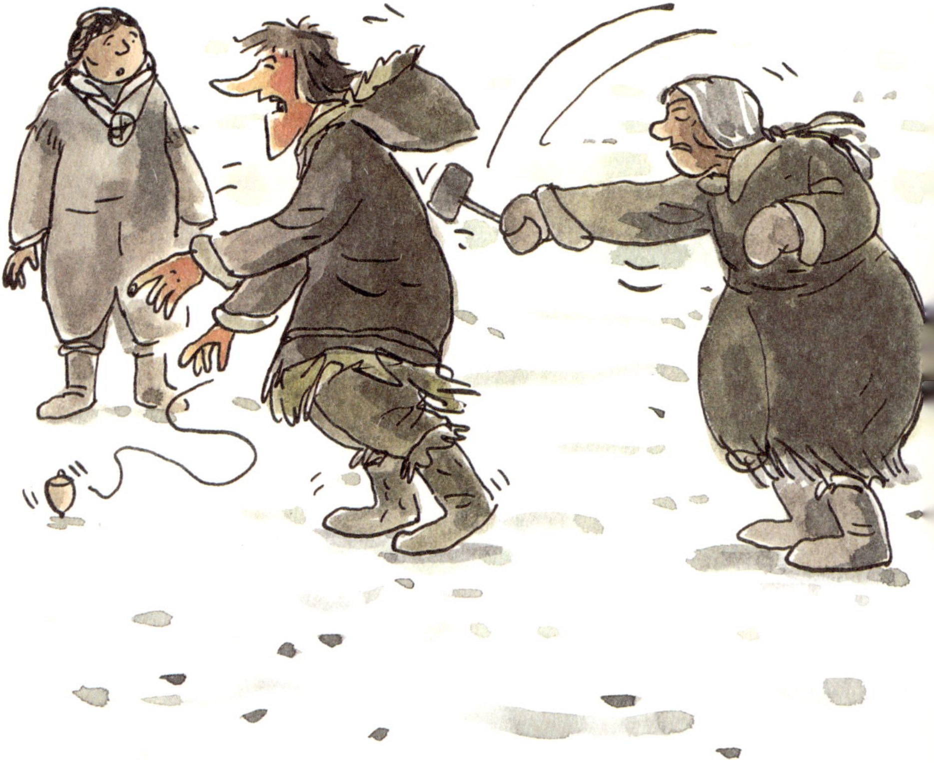

Urkizu se retiró a su iglú llorando de dolor, y se ocultó bajo la piel de oso dando la espalda al campamento y a todas sus gentes. Quería dormir, olvidar lo sucedido, olvidarse de todo. Pero no era fácil. La espalda le dolía al menor movimiento, y cada punzada le recordaba lo injusto del ataque de Motima. ¿Por qué le había pegado, además tan duramente, sin previo aviso? Y, ¿por qué sólo a él? ¿Por qué no a Kalaut? Al fin y al cabo, la idea de salir a jugar había sido de Kalaut y Enke, no suya.

Como un perro, como los pobres huskys del campamento, Urkizu se quedó solo con sus oscuros pensamientos. El golpe de Motima había quebrado su confianza en los inuitas, y esa quiebra, esa herida, le parecía profunda, muy difícil de curar.

Una mañana, al despertarse, vio ante él los rostros de Kalaut y Enke.

—No nos dejaban venir a verte —dijo Enke con una amplia sonrisa.

—A Motima le gusta mucho la carne de caribú; por eso está de mal humor. Porque no puede comer carne de caribú —dijo Kalaut—. ¿Te duele la espalda? —le preguntó a continuación, viendo que Urkizu arrugaba la cara al hacer un movimiento.

—Muy poco —respondió él.

—Ayer cazaron una morsa, y comimos un montón —explicó Enke inocentemente.

Urkizu sintió que su herida interna se abría aún más. No había probado bocado desde el incidente.

—A ti no te trajeron nada porque estabas castigado —explicó Kalaut, adivinando el pensamiento de su amigo—. A partir de ahora, recibirás comida igual que nosotros.

—Ya veremos... —respondió él con desconfianza. No podía quitarse de la cabeza el comportamiento de Motima. Durante todos sus años de servicio en distintos barcos nadie le había levantado nunca el puño o amenazado con un palo. Ni siquiera cuando era un muchachito de diez años. En cambio, allí, en el campamento –se lo repetía una y otra vez a sí mismo–, aquella mujer, la jefa Motima, le había golpeado con un martillo de hierro. Y lo había hecho sin motivo alguno.

—¿Quieres venir con nosotros? Hoy es fiesta. Estamos todos reunidos en el *tupik* grande, bebiendo café y contando historias —le invitó Enke. Hacía algún tiempo que los inuitas habían recogido los tupis o tiendas, pero habían dejado la más grande en el centro del campamento, en medio de los iglúes, para sus reuniones y fiestas.

—Iré más tarde. Ahora quiero caminar. Necesito estirar un poco las piernas —dijo Urkizu.

Los tres salieron del iglú, cada cual con su plan. Enke y Kalaut se dirigieron hacia el *tupik;* Urkizu, hacia la roca en la que habían ocultado la galleta y el pescado. Había decidido que ya era hora de abrir algún saco. Estaba hambriento. Hambriento y enfadado.

Mientras caminaba sobre la nieve helada, Urkizu no dejaba de mirar al mar. Por primera vez desde su llegada a Terranova, sentía ganas de embarcar. ¿Dónde andarían los marineros de su país? No por aquella costa, desde luego, sino en parajes más cálidos. Sólo las morsas, cuyas figuras veía chapoteando en el mar, eran capaces de resistir en un lugar como aquél.

Al llegar a la roca se dio cuenta de que, gracias a la nieve acumulada, la oquedad que guardaba los víveres quedaba casi a su altura. Gateó hasta donde estaban los sacos y, abriendo uno ellos, se llevó un trozo de galleta a la boca. Estaba bastante dura, pero aun así le supo a gloria.

El Winchester 73 de Matush lo vio poco después, cuando se disponía a dejar en su sitio el saco de galleta. Reposaba en el fondo de la oquedad. Un trapo cubría parte del cañón. A su lado, había una bolsa negra. Al abrirla, comprobó que contenía más de cien balas.

Recordó la discusión que había tenido con Matush en aquel mismo lugar.

—«Quédate con el fusil. Antes o después, lo vas a necesitar.»

—«Muchas gracias. Pero no me hace falta.»

—«¿Qué te has creído? ¿Que podrás sobrevivir con la peonza?»

Los hechos demostraban que Matush era un hombre prudente, y no un loco, como parecían pensar algunos de sus compañeros de tripulación. El viejo marinero sabía que Terranova era un lugar hostil; sabía que los inuitas tenían otra forma de actuar y comportarse. Por eso tenía miedo; por eso había tratado de evitar que se quedara. Y, evidentemente, por eso había ocultado en la roca el fusil que él había rechazado dos veces, aquel hermoso Winchester de seis tiros.

—Muchas gracias —susurró Urkizu. No daba las gracias sólo por el fusil. También las daba por la lección.

Mientras caminaba de vuelta al campamento, le vinieron a la cabeza los reproches que le había dirigido Matush justo antes de marcharse:

—«Escucha bien lo que te voy a decir, Urkizu. Cuando apremie el hambre, no dejes que nadie se acerque a ese agujero de ahí arriba. Cómete tú solo la galleta y el pescado. Pero... ¡para qué estaré hablando! ¡No serás capaz! Tomarás todos los sacos y los repartirás en el campamento. Pues,

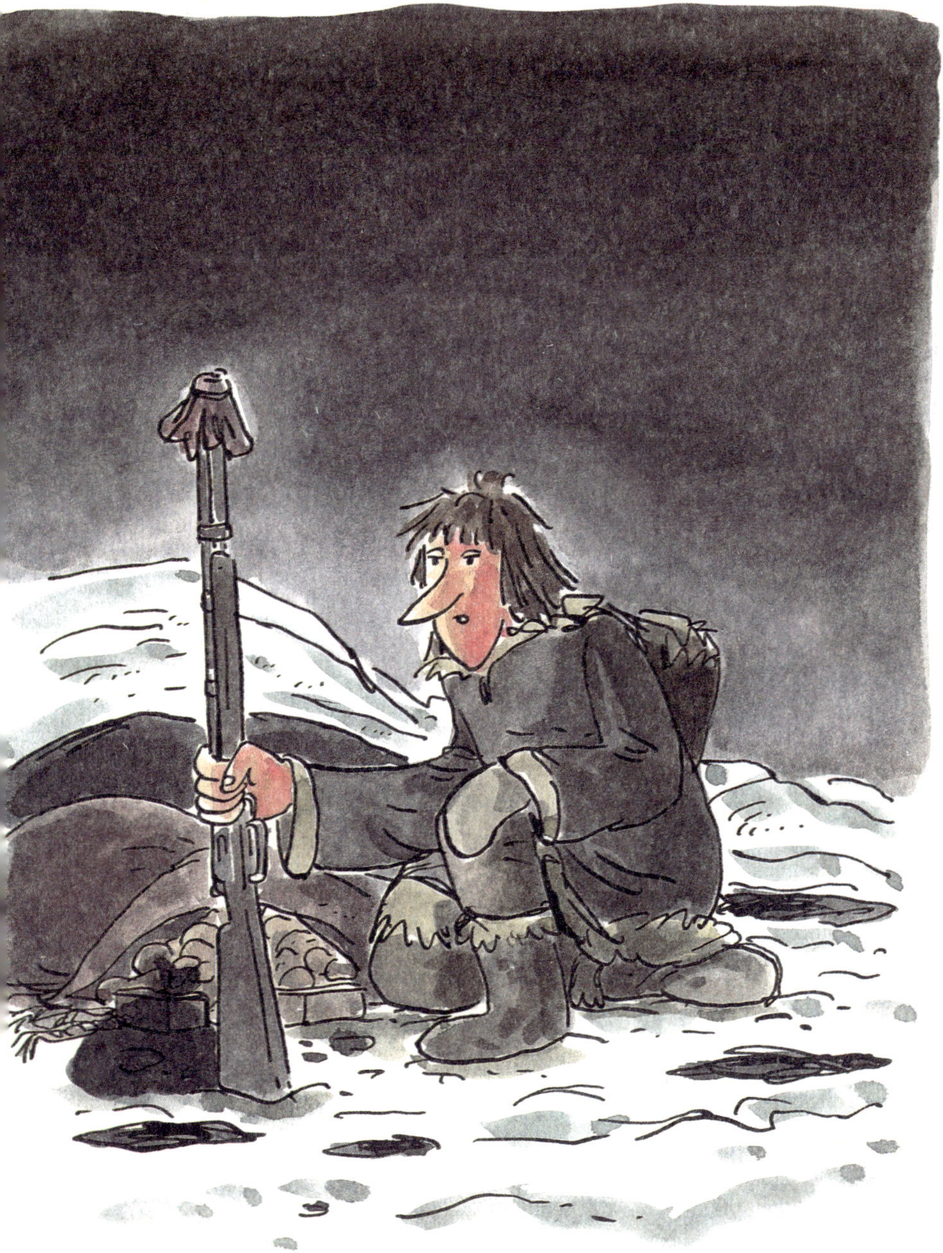

¡mira lo que te digo! ¡No eres tan listo como creía! ¡Ni mucho menos!»

—No los repartiré, Matush. ¡Te lo aseguro! —pensó Urkizu con rabia. Sus intentos por acercarse a los inuitas eran ya una página del pasado. Aquellas gentes no eran como él había creído. Eran extraños, diferentes. En definitiva, con la gente pasaba lo mismo que con las lenguas: en un primer momento se aprendía mucho, los conocimientos se multiplicaban; pero al dar el paso siguiente, las dificultades empezaban a aflorar y el aprendizaje se convertía en una meta cada vez más difícil y lejana. La lengua tenía muchas más palabras y giros de lo que uno esperaba; el corazón de la gente, muchos más pliegues y recovecos de lo que uno había sospechado.

Aquellos pensamientos, que eran fruto de su decepción y de su rabia, no incluían ni a Kalaut ni a Enke. Urkizu deseaba conservar a sus dos únicos amigos.

Se encaminó hacia el campamento con sigilo y prudencia. No quería más tropiezos. Quería pasar inadvertido.

VII

En las costas heladas de Terranova, el tiempo no transcurría de día en día y de noche en noche, sino de forma más secreta y silenciosa, dando muchas veces una impresión de quietud o de inmovilidad, de peonza dormida en un punto del espacio. Urkizu intentaba, a veces, calcular en qué mes estaban, pero aquello le resultaba imposible. ¿Sería noviembre? ¿Diciembre? En su país, el día de Navidad indicaba la proximidad del año nuevo; pero el calendario de los inuitas no conocía esa clase de acontecimientos, carecía de marcas.

En cualquier caso, incluso en aquellas tierras, el tiempo pasaba, la peonza seguía girando. Por eso les crecía el pelo; por eso se engrosaba la capa de hielo de la playa y de los alrededores del campamento; por eso se hinchaba la bola negra que había surgido en el cielo hasta hacerse diez veces más grande que el Sol. Sin embargo, acostumbrado como estaba al calendario alegre y animado de su pueblo, le costaba acostumbrarse a aquella inercia, y pronto tuvo que hacer frente a un nuevo enemigo: el aburrimiento. Se aburría de estar todo el día tumbado en el iglú; le dolían los huesos de aburrimiento. Y lo peor era que el sueño no le proporcionaba descanso, porque siempre llegaba acompañado de pesadillas. Unas veces se le aparecía el patrón Joanes pidiéndole cuentas por no haber resuelto el asunto de las pieles de zorro; otras le asaltaba una cara arrugada y desdentada, como la de Matush, cantándole la antigua canción: *Ternuan dira salbaiak, ere iskimau etsaiak, giza bestia krudelak, hilik jaten marinelak...**

—¿Qué te pasa, Urkishu? ¿El hambre te da dolor de tripas? —le preguntaron un día Kalaut y Enke, viéndole en aquel estado—. Nos hemos reunido todos en el *tupik* grande para comer. ¿Quieres venir?

Urkizu no estaba especialmente hambriento, porque había seguido yendo a la roca y comía suficiente galleta y pescado, pero respondió afirmativamente. Tenía ganas de salir del iglú, de ver gente, de charlar.

Cuando llegaron al *tupik,* había allí unas treinta personas arrimadas unas a otras para darse calor. Un enorme caldero colocado sobre el fuego ocupaba el centro de la estancia y todos parecían pendientes de él; todos, salvo la mujer principal del campamento, Motima. Ella no miraba al fuego ni al caldero; le miraba a él. Directamente, con el ceño fruncido.

Urkizu era un muchacho educado en el mar, acostumbrado a convivir con marineros de todas las clases, y no le gustaba agachar la cabeza. Arrugó él también la frente y miró a los ojos de Motima. Le envió un mensaje con el pensamiento:

---

*En Terranova hay salvajes, enemigos esquimales, bestias humanas crueles que matan marineros y se los comen.

—«Verás como nos encontremos un día por ahí, en algún lugar solitario. Te calentaré bien la espalda.»
Motima sonrió.
—¡Que te crees tú eso! —dijo. Eso fue al menos lo que le pareció entender a Urkizu.
Sacaron unos trozos de carne humeante del caldero, y el *tupik* se llenó de carcajadas y silbidos. La fiesta iba a comenzar.
A Urkizu le tocó un trozo con hueso.
—¿Qué es? —preguntó a Kalaut y Enke en cuanto lo probó.
—Perro —respondieron sus amigos.
A Urkizu le vino a la memoria la imagen de los cinco huskys que habían regresado con los cazadores. Tiró al suelo el trozo que tenía en la mano.
—¡Pensaba que sería morsa! —chilló.
Sentía ganas de vomitar. En su pueblo la gente amaba a los perros. Los solían llevar en sus barcas y les construían casetas. A nadie se le ocurría que pudiesen servir de alimento. En cambio, en Terranova... ¡Pobres huskys...!
—¿No lo quieres? Pues, para nosotros —dijo Enke, recogiendo el trozo de carne y repartiéndoselo con Kalaut.
Mientras continuaba la fiesta, Urkizu volvió a pensar en la gente que le rodeaba. Eran realmente extra-

ños, distintos. Incluso sus amigos Kalaut y Enke lo eran. Cada vez le parecía más incomprensible que el patrón Joanes le hubiese permitido quedarse entre ellos. Aquel hombre tenía que haber mostrado algo más de sentido común. Pero más que en él, había pensado en sus intereses, en las pieles de zorro blanco. Por eso le había tachado Matush de codicioso.

Urkizu intentó frenar aquellos pensamientos. Tal vez no era justo con el patrón Joanes. Al fin y al cabo, él mismo se había portado como un fanfarrón, como un fanfarrón obstinado, repitiendo que quería seguir allí hasta el año siguiente y proclamando que tenía tres motivos para quedarse en Terranova. Debía ser sincero consigo mismo y admitir su propia responsabilidad en lo que estaba sucediendo. Echar la culpa al prójimo era lo más fácil.

Cuando terminaron la carne de perro y sirvieron el café, Urkizu se acercó al jefe Nanuk. Motima le miraba de cerca.

—Quisiera explicarle una cosa. El patrón Joanes me pidió que me pusiera de acuerdo con usted. Estaría dispuesto a pagar un buen precio por las pieles de zorro blanco.

Motima se rió al oír sus palabras, y dijo algo al oído a Nanuk.

—Dice Motima que los tratos se deben hacer entre hombres —le explicó Nanuk—. Yo estoy de acuerdo con ella. Hablaré con el patrón Joanes cuando éste regrese a Portutxo.

Urkizu no quiso discutir. Cuando un jefe inuita tomaba una decisión, había que resignarse. Terminó su café y salió del *tupik* después de decir adiós a Kalaut y a Enke. En el cielo, la bola negra parecía más grande que nunca.

VIII

El tiempo pareció detenerse de nuevo. Según su costumbre, Urkizu descansaba en el iglú y, de vez en cuando, acuciado por el hambre, se marchaba hasta la roca y comía galleta o pescado ahumado. Cada vez que se llevaba algo a la boca, se acordaba de Motima. Seguían sin traerle nada para comer, y él atribuía tal hecho a su nefasta influencia.

—¡A tu salud, vieja bruja! —exclamaba. De haberse encontrado en otra situación, tal vez no habría sentido tanto odio por aquella mujer; pero, como bien decía la canción, se encontraba en «el infierno de los marineros, lejos del paraíso de su pueblo», y su comportamiento le resultaba insoportable. Tenía más que suficiente con el invierno de Terranova; no necesitaba más enemigos.

El tiempo avanzó otro trozo —¿siete días?, ¿quince?, ¿veinticuatro?— y Kalaut y Enke volvieron a aparecer en su iglú. Los encontró muy flacos, y más desanimados que de costumbre.

—¿Queréis que saque la peonza? Hace mucho que no jugamos —les dijo.

—Si quieres —respondió Kalaut débilmente. Se le notaban todos los huesos de la cara.

—Empezaré yo —dijo Enke, sonriendo y echando mano de la peonza. Sus mejillas, antes redondas, se veían ahora completamente planas.

En cuanto salieron y empezaron a jugar, Motima se puso a vigilarlos. Al poco rato, se acercó a ellos sigilosamente y dio una patada a la peonza que Enke acababa de lanzar.

—Lo que más le gusta a Motima es la carne de caribú y, si no, la de morsa. Por eso está de mal humor, porque se siente insatisfecha —explicó Kalaut mientras Motima se alejaba de ellos.

Urkizu se olvidó enseguida de lo ocurrido. Tenía otras cosas en que pensar. El mal aspecto de sus amigos le preocupaba. Viéndolos, comprendía que la falta de comida era un problema general, no algo que únicamente le afectara a él por culpa de una supuesta decisión de Motima. En el campamento no había comida para nadie, ésa era la dura realidad.

Las palabras de Matush volvieron a sonar en su cabeza:

—«Escucha bien lo que te voy a decir, Urkizu. Cuando apremie el hambre, no dejes que nadie se acerque a ese agujero de ahí arriba. Cómete tú solo la galleta y el pescado. Pero... ¡para qué estaré hablando! ¡No serás capaz! Tomarás todos los sacos y los repartirás en el campamento. Pues, ¡mira lo que te digo! ¡No eres tan listo como creía! ¡Ni mucho menos!»

«No, no soy tan listo como creías. Lo siento», pensó Urkizu, respondiendo. Luego se dirigió a sus dos amigos:

—Venid conmigo. Acompañadme a donde Nanuk. Tengo que hablar con él.

Nanuk se encontraba en el *tupik* grande, reunido en torno a un pequeño fuego con cinco cazadores del campamento. Urkizu creyó entender que estaban analizando la situación por la que estaba pasando el grupo.

—Tengo comida. Mucha comida —dijo Urkizu con prontitud. Nanuk, los cinco cazadores, Kalaut, Enke... todos le miraron asombrados—. He estado callado hasta ahora, y le pido perdón por ello —continuó bastante nervioso—. Quería toda la comida para mí. Pero ahora la quiero repartir. No quiero que mis amigos pasen hambre. Ni mis amigos, ni nadie.

En aquel mismo instante, Motima entró en la tienda, y lo hizo riendo a carcajadas.

—¿Qué te decía yo, Nanuk? —dijo a gritos—. Pues, que este marinero no adelgazaba. ¡Que comía! ¡Y resulta que era verdad! ¡Hay que castigarle!

El jefe Nanuk endureció su mirada.

—¡En esta reunión sobran las mujeres locas, Motima! —exclamó. Al momento, uno de los cazadores sacó a la mujer de la tienda.

—¿Qué tienes? —preguntó Nanuk a Urkizu. Estaba muy serio.

—Galleta y pescado ahumado. Unos veinte sacos.

—No es la mejor comida, pero nos vendrá bien —dijo Nanuk, y los cazadores movieron la cabeza afirmativamente.

—Mejor habría sido si hubiera cazado una morsa. Pero las piedras no se pueden comer, y la galleta o el pescado ahumado sí —concluyó Nanuk.

Urkizu volvió a pensar que los inuitas eran realmente especiales, y recordó el significado de la palabra esquimal: «el que come carne cruda». La gente del campamento aceptaría la galleta y el pescado ahumado porque no le quedaba otro remedio: para no morir de hambre y porque, al fin y al cabo, se podían comer, al contrario que las piedras. Por otra parte, a Urkizu le pareció que Nanuk y los cazadores habían reaccionado con bastante tibieza. El les había ofrecido un montón de comida, y ellos ni siquiera le habían dado las gracias. Pero era una tontería pensar así. Los inuitas no eran como la gente de su pueblo, ésa era la cuestión.

—Los sacos están escondidos aquí cerca. Si me ayudan, podremos traerlos enseguida.

Los cinco cazadores que estaban en el *tupik* y tres más le siguieron a poca distancia. Una vez en la roca, Urkizu trepó hasta la oquedad y ocultó el Winchester 73 de Matush en un recoveco de la pared. Aunque estaba actuando en contra de los consejos del viejo marinero, sus palabras seguían presentes en su mente. Si el frío y oscuro invierno se alargaba mucho, quizá tuviera problemas con los inuitas. Y en ese caso...

Los cazadores empezaron enseguida a cargar los sacos. Fue el mejor momento, porque, con los víveres en la mano, todos se pusieron a gritar de alegría. Por fin comprendían la medida del regalo. La gente del campamento podría alimentarse durante quince días o más sólo con lo que había en aquellos sacos.

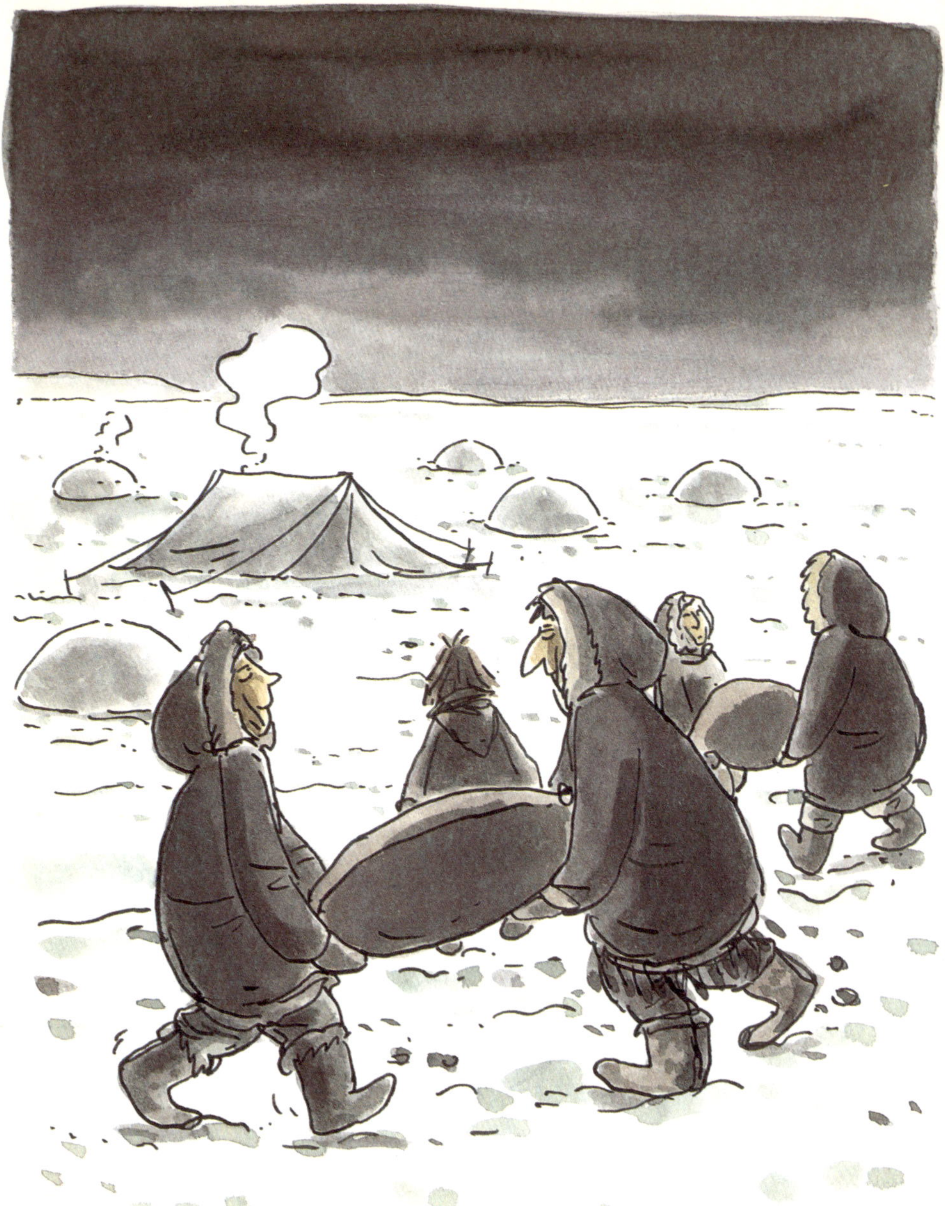

IX

El momento en el que se hizo el reparto de la galleta y el pescado ahumado entre la gente del campamento fue muy especial, pero tan efímero como el destello de una chispa. La vida volvió pronto a los cauces habituales, y la vieja ley que instaba a permanecer en el interior de los iglúes se impuso con más determinación que nunca. El invierno arreciaba, y había que guardar fuerzas.

Urkizu se pasaba la mayor parte del tiempo acostado sobre la piel de oso, pero no descansaba bien. Se sentía inquieto. ¿Qué sería de él si los inuitas le daban la espalda? Hasta entonces, siempre se había considerado a salvo. Sucediera lo que sucediese, allí estaban los víveres de la roca, allí estaba su garantía de vida. Pero ahora, sabiéndose sin recursos, las noches —sobre todo las noches— eran muy duras.

—¿Qué te pasa? —le preguntaron Kalaut y Enke en su siguiente visita, viéndole abatido. Ellos, en cambio, parecían muy contentos—. ¿No te traen comida?

—Sí, Kalaut. No te preocupes —respondió. No le traían más que un poco de galleta, pero él se conformaba con eso. El problema era otro. El problema era que sentía una enorme carga sobre sus espaldas, un peso aplastante que sólo cedería en el momento —¡feliz momento!— de marcharse de allí. Pero aquella verdad no se la podía confesar a sus amigos.

—¿Y si jugamos con la peonza? —preguntó Enke. A ella aquel juego la encantaba.

—Vamos —dijo Urkizu. La palabra le salió de la boca con un suspiro. Era raro en él, pero no tenía ganas de hacer nada.

Motima los estaba esperando, como siempre. Tenía la frente arrugada y no apartaba los ojos de Urkizu. Cuando los tres amigos se pusieron a jugar, tomó la peonza del suelo y echó a correr hacia el otro lado del campamento.

—¡Ladrona! —gritó Enke, saliendo tras ella. Lo mismo hicieron Kalaut y Urkizu.

La encontraron en las inmediaciones del *tupik* grande. Motima intentaba jugar con la peonza. La recogía del suelo y la volvía a lanzar. Pero no conseguía que girara, y su rabia iba creciendo por momentos.

Urkizu comprendió al instante lo que pasaba. Aquella mujer, a consecuencia quizá del hambre y de la dureza del invierno, había perdido la cabeza, y la única causa del odio que sentía por él era la peonza. No le odiaba por ser extranjero, ni por haber ocultado los víveres durante tanto tiempo, sino por ser el dueño de un juguete que ella, como una niña de diez años, envidiaba con todas sus fuerzas.

—Motima, no se hace así —dijo Urkizu a la mujer, agarrándole suavemente del brazo. En aquel momento, sentía pena por ella, y se lo perdonaba todo, incluso que le hubiera golpeado con el martillo de hierro—. Si quieres que la peonza gire, te hace falta una cuerda. ¡Enke! Dale la cuerda a Motima.

Entre todos, de la forma más amable, le explicaron cómo había que enrollar la cuerda. Motima reía insensatamente. Luego, cuando después de cinco o seis intentos fallidos consiguió, ¡por fin!, que la peonza girara sobre la púa, se puso a dar saltos y a reírse a carcajadas como la persona más feliz del mundo. Aun así, se tomó un momento para hacer algo inesperado: se acercó a Urkizu y le dio un beso grande en la mejilla.

Al pasar por delante de la entrada del *tupik* grande, se encontraron con Nanuk. El anciano jefe miró a Motima con dureza.

—¡Esta estúpida loca! —exclamó ásperamente. Enseguida, con un movimiento imprevisto, metió la mano por debajo de la zamarra de Urkizu y le dio un pellizco.

—¡Qué pasa! —dijo Urkizu sorprendido. Pero Nanuk no respondió, y entró en el *tupik*.

—A ver si se van a volver locos todos los jefes de este campamento. Creía que estarían más acostumbrados a pasar penalidades —pensó Urkizu en voz alta.

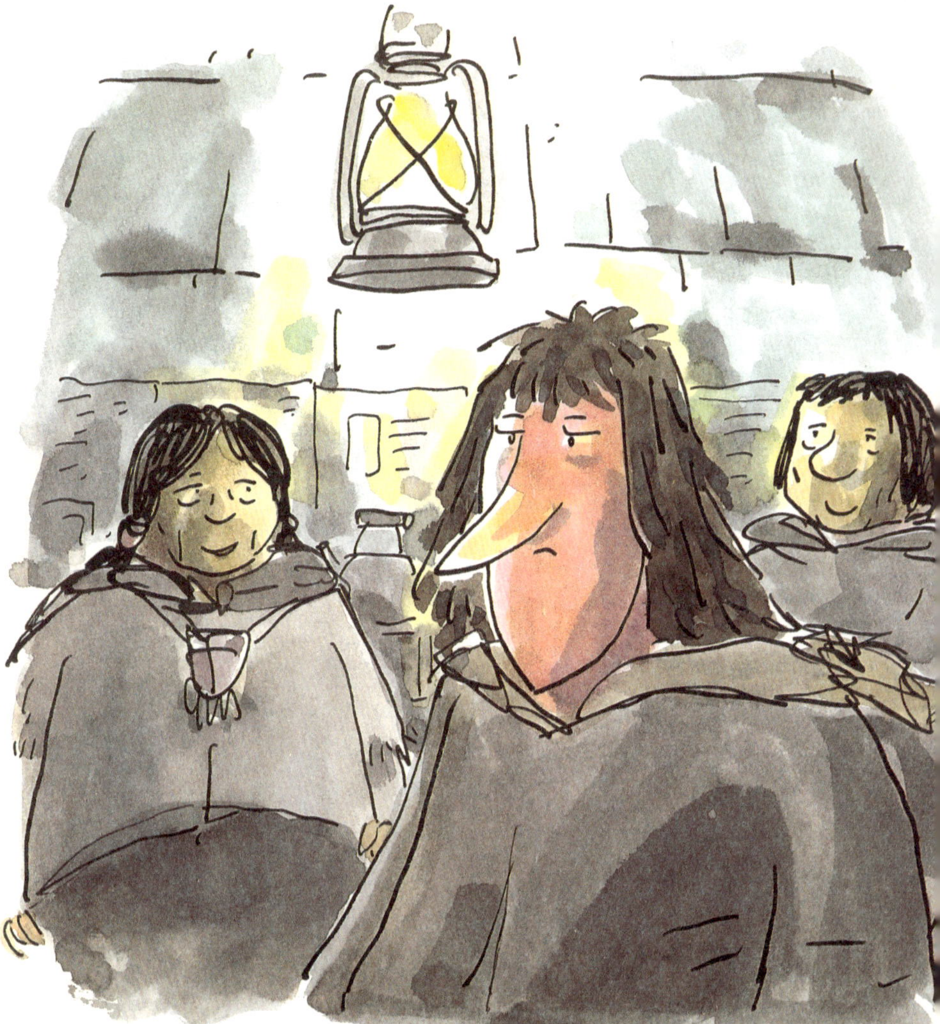

—No, Nanuk no está loco. Nanuk es un buen jefe —intervino de pronto Enke. Luego empezó a reírse y a dar empujones a Kalaut.

—Sí. Es un buen jefe —afirmó Kalaut. También él se echó a reír, como si los empujones de Enke fueran cosquilllas.

Urkizu hizo un gesto interrogativo.

—¿Qué pasa?

En medio de la nieve y el hielo, bajo la bola negra que presidía el cielo, la alegría de sus dos amigos resultaba llamativa.

Antes de responder, Enke dio un beso a Kalaut.

—Pronto tendremos nuestro propio iglú. Nanuk nos ha dado su consentimiento. Ha prometido que preparará un banquete en nuestro honor —dijo Enke.

A Urkizu le costó más que de costumbre entender bien las palabras. Pero no había duda. Aun siendo muy jóvenes, Enke y Kalaut se iban a unir. No como se unían los hombres y mujeres de su pueblo, sino a su modo, a la manera de los inuitas. En cualquier caso, tenían algo en común: también en Terranova se celebraba el acontecimiento con un banquete.

—Enhorabuena —acertó a decir Urkizu, sin saber si aquella palabra era la adecuada—. Si me invitáis, iré al banquete.

—¡Claro que sí! ¡Serás el primer invitado! —dijo Kalaut.
—¡Si pudiéramos atrapar una morsa! —exclamó Enke. No cabía en sí de alegría—. ¿Por qué no vamos a ver morsas? —propuso finalmente.
Kalaut le agarró del hombro, y se pusieron a caminar hacia la playa.
—¿Cuándo empieza a deshacerse todo este hielo? —les preguntó Urkizu antes de que se alejaran.
—No lo sabemos. El invierno es muy largo —respondió Kalaut.
—Es muy largo, sí. Más largo de lo que creía —corroboró Urkizu. No se sentía tan feliz como la nueva pareja—. ¡Adiós! —dijo a continuación, antes de volver a su iglú. No hubo respuesta. Kalaut y Enke estaban abrazados, indiferentes a todo lo que los rodeaba.

X

Para alivio de Urkizu, el tiempo mejoró durante las semanas siguientes. Nada de tormentas de nieve, sólo alguna racha de viento fuerte; al amanecer, en lugar de la densa oscuridad anterior, una línea de luz en el horizonte, una cinta de color plata en el cuello del mundo. Además, aparecieron numerosas grietas, largas y profundas, en el hielo de la playa. La primavera no se dejaba ver todavía en la costa de Terranova, pero golpeaba por debajo, daba patadas como el niño en el vientre de su madre.

Pero no era el tiempo lo único que mejoraba, o ésa era al menos la impresión de Urkizu. Le parecía que la situación general del campamento había cambiado a mejor y que el problema de la comida, tan angustioso, estaba ya resuelto. Si antes comía una vez al día, ahora lo hacía tres o cuatro veces, llegando a echarse al cuerpo más de un kilo de galleta.

—Dejarán toda la galleta para mí, guardando para ellos el pescado crudo. Han debido de encontrar una buena grieta para pescar —pensaba.

Con el paso de los días, las nuevas circunstancias tuvieron una consecuencia sorprendente: Urkizu engordó; ganó unos cuantos kilos, precisamente en «el infierno de los marineros», precisamente en invierno. Estaba tan asombrado que quería correr a contárselo a Kalaut y a Enke. Pero la vieja ley seguía en vigor, y no le estaba permitido moverse. Cada vez que hacía un intento por salir del iglú, uno de los cazadores se le plantaba delante con su *kokawod* o arpón.

—¡Duerme! —le ordenaba.

Una mañana, muy temprano, oyó ruidos en el exterior, y pensó que serían Kalaut y Enke, que habrían infringido, como muchas otras veces, la ley que los obligaba a no moverse por el campamento. Pero fue Motima quien asomó por la abertura. Parecía fuera de sí, y dispuesta a sacarle del iglú a empujones.

—¡Motima! ¡Qué haces! —gritó el joven.

La mujer le hizo callar echándose sobre él y tapándole la boca con la mano.

Urkizu se asustó.

—¡Qué haces! —volvió a exclamar librándose como pudo del abrazo de la mujer.

Motima se puso a hablar con los ojos desorbitados. Sin embargo, de sus labios no salía nada que se pudiera entender. Era un balbuceo incomprensible.

—¡No te entiendo! ¿Qué quieres? —dijo Urkizu.

Como respuesta, Motima le arrastró hasta la abertura del iglú. Era una mujer muy fuerte, y al final consiguió su propósito.

En el exterior, en aquella primera hora del día, había cierta claridad. La cinta de color plata que recorría la base del cielo hacía resaltar el brillo de la superficie helada.

Urkizu dudaba. No podía entender a Motima, pero una impresión iba imponiéndose sobre las demás. Lo que quería la mujer era ayudarle. Intentaba sacarle del campamento, hacerle huir.

—Habla más claro, por favor —le rogó Urkizu. Habían caído de bruces y se encontraban los dos en el suelo.

Motima se le quedó mirando por un momento. Luego, abrió la boca y le mostró la lengua. La tenía cortada.

Urkizu sintió un escalofrío, pero no tuvo tiempo de decir nada. Un cazador se les acercó a toda prisa y ahuyentó a Motima. Los gemidos y chillidos de la mujer le penetraron a Urkizu hasta lo más profundo del corazón.

—Todas las viudas acaban por volverse locas. Es lo malo de enviudar —le dijo el cazador.

—Yo creía que Motima era la mujer principal del campamento.

—Lo era. Ahora le toca a Enke.

Por un momento, Urkizu se quedó mudo.

—¿Quién le ha cortado la lengua? —preguntó finalmente el joven.

—Motima hablaba demasiado. No hacía más que cotorrear. Se nos hacía a todos insoportable, y especialmente a Nanuk —respondió el cazador. Sin más explicaciones, le pidió que entrara en el iglú y siguiera durmiendo. Enseguida le traerían la galleta para hacer la primera comida del día.

XI

Un tiempo «lento» como el de Terranova podía llegar a trastornar la mente de una persona, tanto más cuando esa lentitud venía acompañada de una soledad absoluta. Pensar, analizar correctamente los hechos, resultaba entonces difícil; difícil, también, distinguir el sueño de la realidad.

Ésas eran las circunstancias de Urkizu, y se sentía perdido, sin saber qué hacer o adónde acudir. Sospechaba algo, sentía dentro de sí una inquietud por lo que estaba pasando o lo que podía pasar; pero no era capaz de hacerse cargo de la situación. A pesar de ello, al no estar su voluntad tan debilitada como su mente, no cejaba en el empeño, y se repetía una y otra vez las mismas preguntas: ¿por qué le habían hecho aquello a Motima? ¿Sería una costumbre de los inuitas cortarles la lengua a los locos que hablaban demasiado? ¿O sería más bien una decisión que Nanuk había tomado personalmente? Por otra parte, ¿no era ya hora de olvidarse de la vieja ley? ¿Por qué la mantenían, ahora que tenían comida suficiente? ¿Por qué la aplicaban, además, más estrictamente que nunca? Porque él no recordaba una vigilancia tan intensa, ni siquiera en los momentos en que el hambre había apretado más...

Sin embargo, las preguntas le resultaban difíciles y acababan cansándole. Salía entonces a sentarse en la entrada del iglú, y se quedaba allí parado, abiertos los ojos, la cabeza en blanco, mirando a la cinta color plata del horizonte, cada vez más ancha, o a la bola negra del cielo, cada vez más pequeña. La primavera estaba próxima. Pronto, el hermano del patrón Joanes atracaría en Portutxo, y él se reuniría con sus paisanos. ¡Por fin...!

Un día que estaba sentado en la entrada del iglú, vio acercarse a Kalaut y Enke. También aquella vez estaban contentos.

—¿Vendrás mañana, verdad? —le preguntó Kalaut en cuanto llegó.

—¿Adónde?

—¿Estás dormido? ¡Mañana se celebra nuestra fiesta! ¡Habrá un gran banquete!

—No lo sabía —dijo Urkizu—. ¿Cuándo han cazado la morsa? —preguntó a continuación, dirigiendo su vista hacia la playa. Aunque agrietadas, las placas de hielo llegaban hasta muy lejos, y las morsas se encontraban aún más allá. Cazarlas parecía tan difícil como siempre.

La pareja se rió. No conocían la respuesta a la pregunta, pero tampoco les importaba. Eran felices, sencillamente.

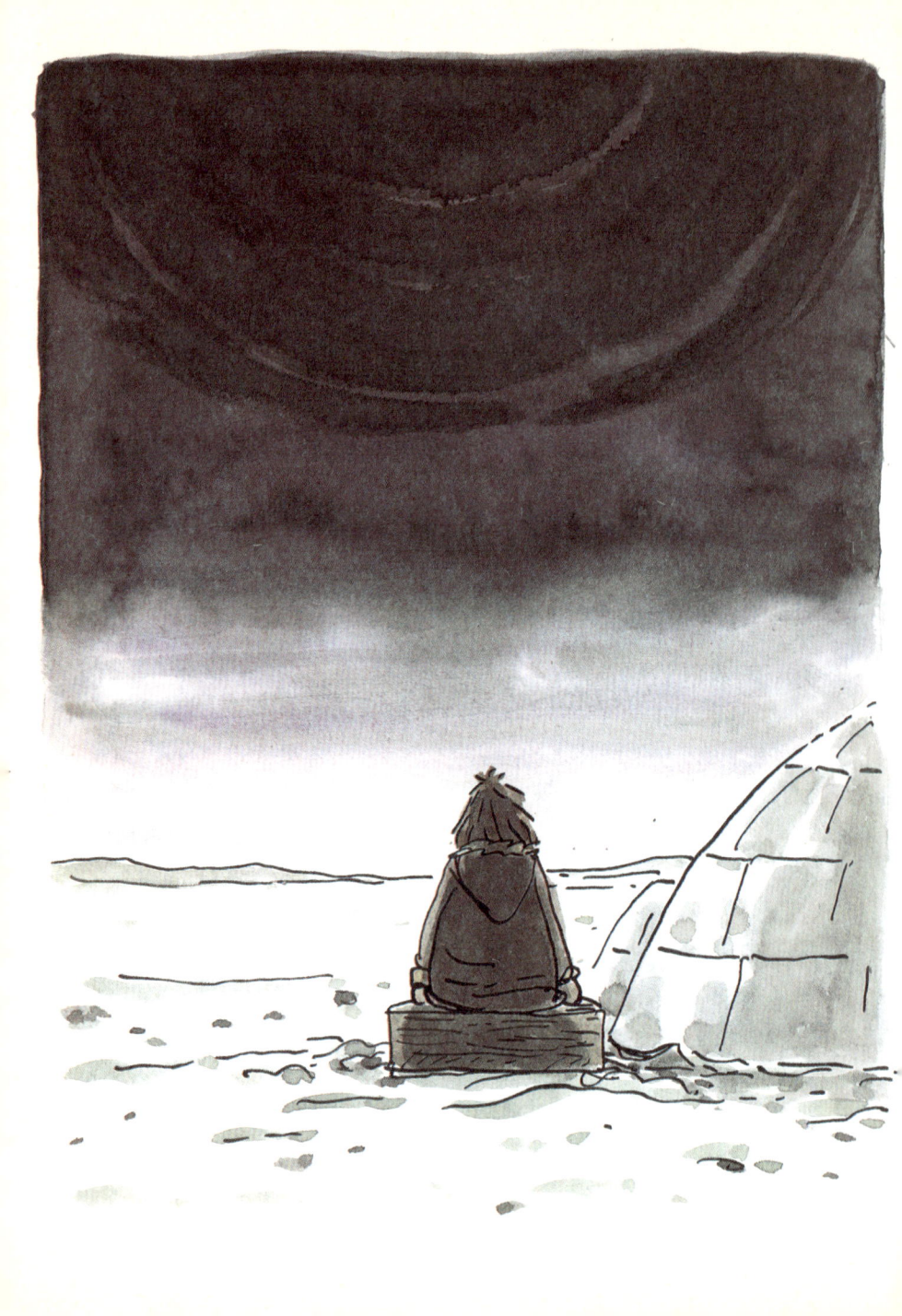

Urkizu vio su peonza. La tenía Enke en las manos.

—Me la ha regalado Nanuk —explicó la joven.

—En adelante, Enke será la jefa de las mujeres —le informó Kalaut con cierto orgullo.

—¡Pero si la peonza era de Motima! ¡Se la di a ella! —exclamó Urkizu.

—Nanuk me dijo que Motima está loca y no la necesita —se defendió Enke, agarrando con fuerza la peonza.

Sus amigos le parecían bastante más viejos que cuando los había conocido. Como si para ellos hubieran transcurrido años, no meses.

—Entonces, vendrás, ¿no?. La fiesta será en el *tupik* grande —le dijo Kalaut, dándole la mano a Enke.

Urkizu respondió afirmativamente con la cabeza, y se metió a toda prisa en el iglú. Una gravísima preocupación había hecho presa en él. Un sudor frío le mojaba las manos.

Salió de nuevo al exterior y se acercó al cazador que le vigilaba.

—¿Cuándo habéis cazado la morsa para la fiesta de Kalaut y Enke? —preguntó con voz que simulaba despreocupación. Podía sentir los latidos de su corazón debajo de la zamarra.

El cazador le dio la peor de las respuestas.

—¿La morsa para la fiesta? ¡Ojalá! ¡Que yo sepa, nadie ha cazado ninguna morsa!

Los dos se quedaron mirando hacia la playa. Las morsas nadaban entre las olas, lejanas, felices.

De pronto, aprovechando la falta de atención del cazador, Urkizu echó a correr con todas sus fuerzas. El peso que había ganado comiendo galleta no le permitía moverse tan ágilmente como antes, pero consiguió distanciarse lo suficiente para que no le alcanzaran con el *kokawod*. Su objetivo era llegar a la roca y hacerse con el Winchester 73 de seis tiros. Se jugaba la vida en el intento.

No miró atrás, pero los gritos y las voces de alto le permitían imaginar lo que estaba pasando en el campamento. El cazador había dado la alarma, y no era él sólo, sino muchos más, los que le seguían con el fin de apresarle. Sin embargo, mientras corría y jadeaba, no oía únicamente a los inuitas. También oía otras voces. En primer lugar, la de Matush. La canción del viejo marinero resonaba con fuerza en su mente: *Ternuan dira salbaiak, ere iskimau etsaiak, giza bestia krudelak, hilik jaten marinelak...** Oía también, junto con la canción, su propia voz, la frase que no paraba de repetirse a sí mismo.

—¡Yo soy la morsa que Nanuk guardaba para la fiesta! ¡Quieren matarme y comerme!

Detalles que hasta aquel momento le habían parecido extraños cobraron de pronto sentido: el pellizco de Nanuk, la abundante galleta que le proporcionaban diariamente, la visita de Motima.

—¡Nanuk! —exclamó Urkizu con un gemido.

---

*En Terranova hay salvajes, enemigos esquimales, bestias humanas crueles que matan marineros y se los comen.

Le costaba creer que el jefe le había tratado como a un animal de establo. Pero sin duda era así. Primero, con el pellizco, había querido comprobar sus carnes; luego, al encontrarle demasiado magro, se había dedicado a cebarle dándole grandes cantidades de galleta, a ver si engordaba, a ver si se volvía más suculento. ¿Y el cortarle la lengua a Motima? ¿A qué se debía? ¿Para impedir que le avisara? ¡Qué cambio el de Motima! Primero le había tratado a golpes, y luego había intentado salvarle la vida. Si conseguía salir vivo de aquel apuro, le pediría la peonza a Enke y se la devolvería a ella.

Llegó a la roca, tomó el Winchester y metió seis balas en el cargador. Luego se tumbó en la cavidad y examinó a sus perseguidores.

Eran más de lo que esperaba. Tuvo la impresión de que todos, absolutamente todos los miembros del campamento, habían salido a darle caza. Dos hombres, el que le vigilaba y otro que solía reunirse en el *tupik* grande de Nanuk, venían corriendo hacia la roca con sus arpones levantados.

Entonces, Urkizu hizo un disparo al aire. El estruendo fue terrible.

Los dos cazadores se tiraron al suelo, y lo mismo hicieron todos los demás inuitas. Sabían muy poco de fusiles, pero, como habría dicho Matush en aquellas cir-

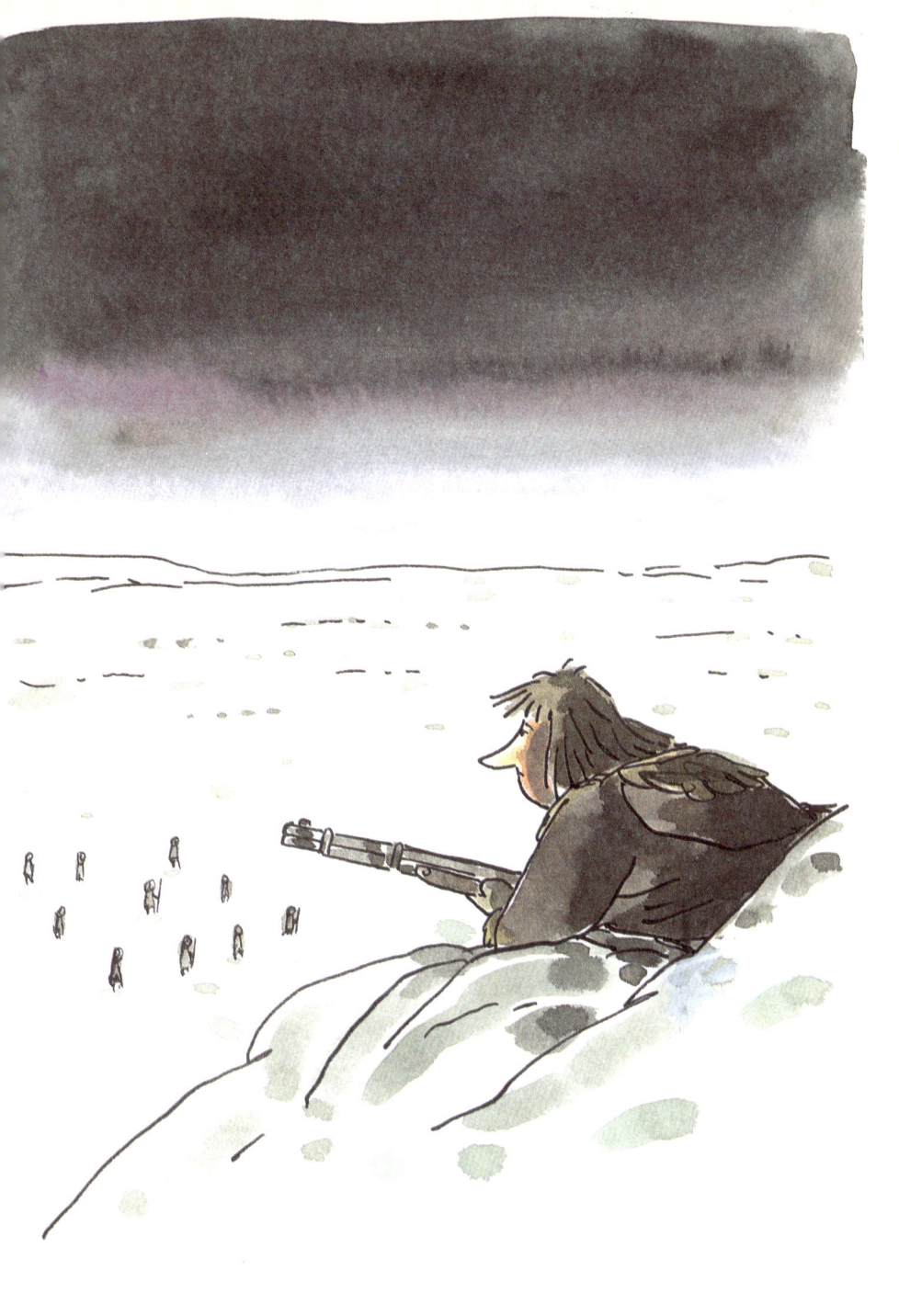

cunstancias, sabían lo suficiente: que era un arma muy poderosa, capaz de matar de lejos y al primer golpe.

Urkizu rompió a llorar. Él no quería matar a nadie. Conocía bien a la gente del campamento, y de alguna manera, aun siéndole tan extraños, los quería. Sobre todo a Kalaut y a Enke. Y a Motima. Pero si no se valía del fusil, le golpearían con el martillo de hierro con el que rompían la cabeza a las morsas y le despedazarían. Luego dejarían que hirviera en un caldero, y le servirían a Nanuk uno de sus muslos o de sus brazos. Eran los dos lados del problema. La elección era difícil. Imposible.

Repitió entre dientes el pensamiento que acababa de cruzarle la mente. Que le golpearían con el martillo de hierro con el que rompían la cabeza a...

—¡Las morsas! —gritó.

Luego, mirando a los inuitas, lanzó el segundo grito:

—¡Kalaut! ¡Ven!

El joven acudió enseguida. Pasó por delante de los cazadores que seguían echados en el suelo y se puso frente a él. Estaba muy asustado.

—No sé qué está pasando —dijo.

—Escucha, Kalaut. Todo está mal. Puede morir mucha gente.

—Sí —respondió el inuita con un hilo de voz.

—Pero hay una salida —siguió Urkizu—. Habla con los cazadores y diles de mi parte que si me respetan la vida, cazaré con esta arma todas las morsas que quieran. Puedo empezar inmediatamente.

Por un momento, Urkizu se enfadó consigo mismo por no haberlo pensado antes. Era una vergüenza que no se le hubiera ocurrido servirse del Winchester 73 para cazar todas las morsas que habrían necesitado para no pasar hambre. ¡Cuánto mejor habría sido para él y para la gente del campamento! Pero no era el momento de mirar atrás. Era el momento de mirar lo que sucedía entre los inuitas. Kalaut había regresado donde sus perseguidores y les estaba comunicando su mensaje.

Vio primero a Nanuk. Por sus gestos, era evidente que no estaba de acuerdo. Como muchos jefes, no quería echarse atrás. Sólo quería que se cumplieran sus órdenes, a cualquier precio.

Cuando Nanuk terminó de hablar, se hizo un gran silencio. Después, apareció Motima dando gritos, y fue directamente hasta donde estaba Nanuk. Éste se desplomó. Hubo un silencio más, y luego un murmullo.

La figura de Kalaut se separó del grupo y se dirigió corriendo a la roca.

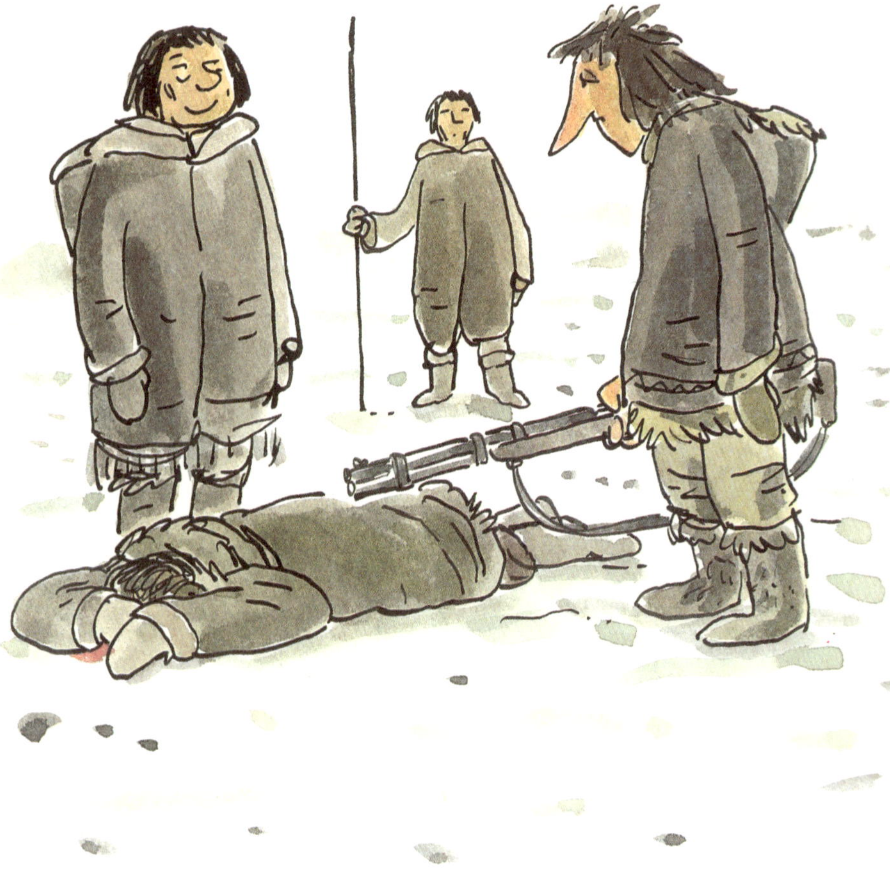

—¿Qué ha pasado? —le preguntó Urkizu cuando se acercó lo suficiente.

—Motima ha matado a Nanuk. Le ha golpeado la cabeza con el martillo de hierro —dijo Kalaut. A pesar de la gravedad de la noticia, el joven sonreía.

—¿Por qué sonríes?

—¿Vamos a cazar morsas? Mañana se celebra nuestra fiesta.

Así fue como supo Urkizu que su propuesta había sido aceptada. Él también sonrió. Estaba a salvo.

Aquella tarde Urkizu tuvo que hacer ocho disparos para dejar a las dos primeras morsas flotando sin vida sobre el agua. Luego los inuitas las acercaron a la orilla con unos *kokawod* especiales pertrechados con cuerdas, y llevaron al campamento toda aquella comida, suficiente para dos semanas.

La fiesta de Kalaut y Enke fue muy hermosa, y todos los cazadores, de uno en uno, se disculparon ante Urkizu. El hambre había afectado seriamente a los dos jefes del campamento, los había trastornado, y así como Motima se había puesto a su favor, con Nanuk había ocurrido lo contrario. En cualquier caso, la idea de matarle para comérsele había sido de Nanuk, y no suya. Ellos le tenían por un hermano.

XII

El barco que esperaba llegó a Portutxo cuando la cinta de color plata del horizonte ceñía ya una buena parte del cielo. Además del hermano del patrón Joanes, el barco trajo a un marinero que Urkizu no esperaba: Matush.

—¡Vengo a recuperar mi Winchester, muchacho! —dijo cuando se encontraron en el campamento. Reía de contento, pero guardándose sus sentimientos.

—Aquí está, bien cuidado —respondió Urkizu un poco emocionado.

Matush examinó atentamente al joven, de la cabeza a los pies.

—¡Caramba! —exclamó gesticulando—. ¡Mira que eres listo! ¡Has pasado el invierno en este desierto... y encima has engordado! ¡Válgame Dios!

El hermano del patrón Joanes y el resto de los marineros se echaron a reír.

Apareció entonces Motima, con la peonza en la mano y moviéndose como si bailara. Se acercó a Urkizu y le dio un beso en la mejilla.

—¡Lo que faltaba! —exclamó Matush extendiendo los brazos—. Además de engordar, te has echado novia. ¡Válgame Dios! ¡Válgame Dios!

Las risas de los marineros subieron de tono.

—¡Motima! —gritó Urkizu. Parecía enfadado—. ¡Como vuelvas a hacerme eso, te quito la peonza! ¡Me oyes! ¡Te quito la peonza!

Pero Motima no le oía. Se alejaba corriendo y dando saltos por el campamento, igual que una niña de diez años.

—¿Qué? ¿Comemos algo? ¿Tenéis algo en el campamento? —preguntó el hermano del patrón Joanes.

—Tenemos carne de morsa. Venid al... venid al...

Urkizu se quedó dudando, pensativo.

—¿Cómo llamamos nosotros al *tupik*? —preguntó, señalando el lugar que utilizaban para las reuniones.

—¿Que cómo le llamamos? «Tienda», ¿no? —respondió uno de los marineros.

—Ahora me doy cuenta de todo el tiempo que llevo aquí. ¡Se me han olvidado las palabras de casa! —dijo Urkizu preocupado.

—Tú tranquilo. Ya las aprenderás de nuevo. ¡Verás cuando vuelvas al barco! —le dijo Matush, dándole un golpe en la espalda.

Urkizu le devolvió el golpe. Pensó que tendría razón, que el viejo marinero no podía equivocarse en ese punto.

Cuando marchaban hacia el *tupik* grande, vieron en su vértice un pájaro de plumas azules que acababa de llegar

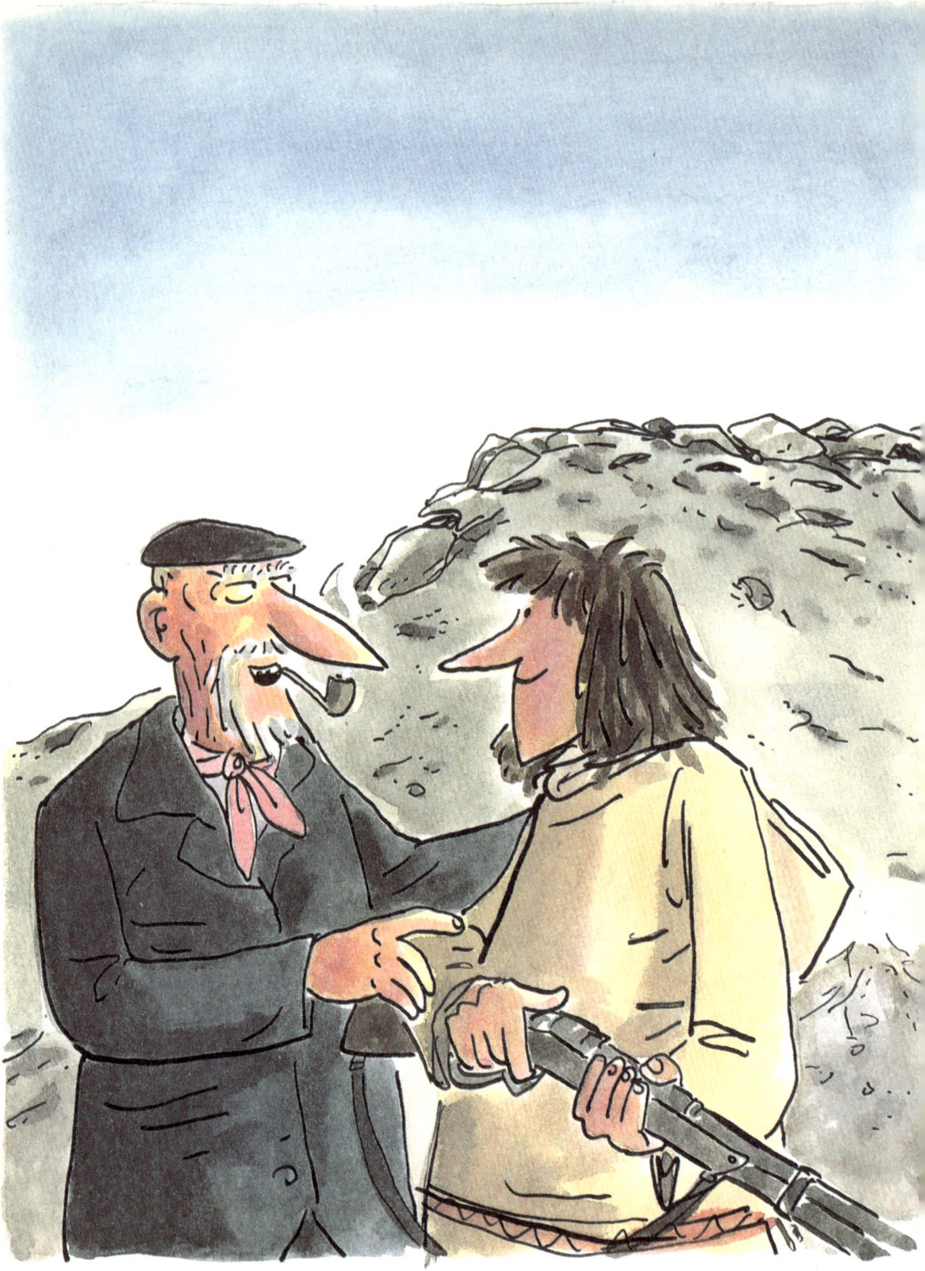

del mar. En ese mismo instante, como si su llegada fuera una señal, las placas de hielo que quedaban sobre la playa de piedra se resquebrajaron y se hundieron en el agua. Era primavera en Terranova.

EL LLANTO DE BAMBULO

Para cuando el marinero de Terranova terminó de contar su historia, era ya muy tarde, y todas las cosas ricas de la cena, lo mismo las patatas fritas que la *lasagna*, la tarta o los helados, habían desaparecido de la mesa. En ésas, Panchi, *Cabecita de Ajo,* propuso dar un pequeño paseo:

—Necesito estirar las piernas —explicó.

—Me ha parecido muy interesante lo que has contado. Aunque un poco triste para mí —dijo Bambulo, pasando por alto la propuesta de levantarse de la mesa. Escribía frenéticamente, anotando lo que acababa de escuchar.

—¿Por qué, Bambulo? —preguntó Ariadna.

—No te pongas triste, Mamulo —dijo Ainhoa.

—Claro que no, Bambulo. ¡Hoy ser día especial, día alegre! —exclamó María.

—Ya sé por qué se ha puesto triste —intervino Jon—. Porque los inuitas se comieron todos los huskys. Ese suceso le ha recordado el dramático destino de los perros.

—Bien dicho, Jon —dijo Bambulo, dejando de escribir y levantando la cabeza—. Pero estoy acostumbrado a la mala suerte de los perros, y la costumbre, por decirlo de alguna manera, me protege de la tristeza. No, me he puesto triste por otro motivo.

Panchi, *Cabecita de Ajo*, se levantó de la mesa.

—¿Por qué no seguimos hablando mientras paseamos? Andando también se puede hablar. Además, estamos muy cerca de los pasillos subterráneos de la biblioteca de Bidebarrieta. ¿Por qué no recordamos los viejos tiempos y vamos a pasear entre estanterías de libros?

—¡Panchi tiene razón! Tengo ganas de pasear por la biblioteca. Me paso tanto tiempo entre bacalaos que el olor de los libros me parece buenísimo. ¡Es tan seco!

Al final, todos se pusieron de acuerdo, y al poco rato caminaban por los pasillos de la biblioteca.

—¡Vamos al revés! —dijo Ariadna.

—¿Por qué dices eso? —preguntó su madre.

—Los libros están ordenados alfabéticamente, de la A a la Z —explicó Ariadna—. Acabamos de pasar por la Z y ahora nos encontramos en la Y. En dirección a la X, evidentemente.

—¡Qué lista es esta hija mía! —dijo el marinero de Terranova. Durante la cena no le había dejado contar la historia de Scott y Amundsen, y ahora la trataba con toda amabilidad, sin ahorrar halagos.

—Si no ha sido por los perros huskys, ¿por qué te has puesto triste con la historia del joven marinero Urkizu? —preguntó Jon volviendo al tema.

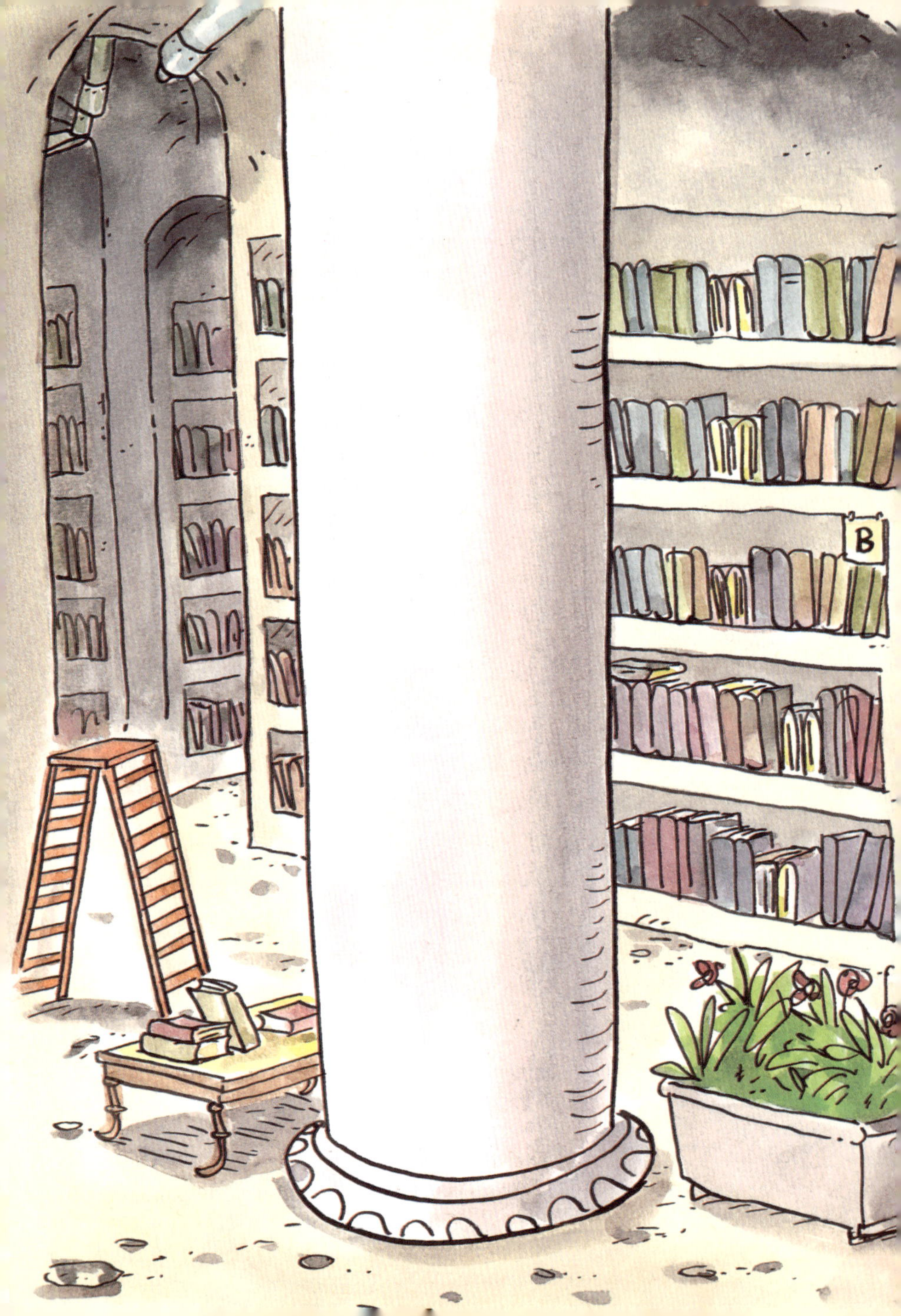
B

A

—¿Por qué, Mamulo? —preguntó Ainhoa.

—Pues, por el pájaro —confesó Bambulo con un suspiro—. Seguro que os acordáis del final de la historia: «Cuando marchaban hacia el *tupik* grande, vieron en su vértice un pájaro de plumas azules que acababa de llegar del mar». Pues, al oír eso, me ha venido a la memoria el pájaro que tanto me ayudó a mí, el pájaro de pico largo.

—Aparecía en aquel poema que nos enviaste desde Mérida, ¿no es así, Bambulo? —dijo Ariadna. A continuación, se puso a recitar:

Por la lluvia y la niebla, o por la nieve, el camino es duro.
La lluvia y la niebla son nuestras hermanas, pero nos dejan empapados;
la nieve es nuestra hermana blanca, pero siempre viene con el frío.
En el borde de un camino, rodeado de charcos, con los pies helados,
quise abandonarlo todo, no dar un paso más en busca del mensaje;
pero, levantándome, agarré mi carrito y me dije:
¡No te resignes! ¡Sigue, Bambulo, al pájaro de pico largo!

—¡Se sabe el poema de memoria! ¡Qué lista es esta hija mía! —exclamó el marinero de Terranova. Pero esta vez, el halago era sincero, estaba realmente asombrado.

Pasaban en aquel momento por delante de la letra S, y tal vez por eso Bambulo soltó un sonoro suspiro:

—¡Dónde andará mi pájaro de pico largo! ¿Estará bien? El fue mi guía y no quisiera perder su pista para siempre —añadió.

—¿Perder su pista para siempre? ¿Por qué iba a ser así? —preguntó Panchi, *Cabecita de Ajo*.

—Con los preparativos para mi regreso a casa, me olvidé de él. Y hoy, al oír la historia de Urkizu, me he dado cuenta de que hace mucho que no lo veo. Y, la verdad, no me parece normal.

—La mayoría de los pájaros no saben andar en la ciudad. Las palomas y los gorriones sí, y las gaviotas también; pero, por lo demás, muy pocos. Tu pájaro de pico largo andará por los montes de por aquí —explicó el marinero de Terranova.

—Puede ser, sí —dijo Bambulo. Pero la preocupación no le abandonó.

Paso a paso, de una estantería a otra, fueron recorriendo el alfabeto en sentido inverso — de la *S* a la *R*, de la *R* a la *Q*... —hasta llegar al territorio de la letra *C*.

Entonces, Bambulo se animó y, dejando a un lado sus pensamientos, fue a por un libro de la estantería.

—¡Catulo! —exclamó, pues el libro que tenía en las manos era del gran poeta latino, en traducción de Luis Alberto de Cuenca y Antonio Alvar.

—¿Quién? —dijo el marinero de Terranova.

—Catulo. Un poeta que vivió hace unos 2.000 años. Lo estudiamos en clase de latín —dijo Ariadna.

—¡Qué lista eres, Ariadna! ¡Tan lista como el joven marinero Urkizu! —exclamó su padre.

—¿Por qué no nos lees uno de sus poemas, Bambulo? —dijo Panchi, *Cabecita de Ajo*—. Elige uno cualquiera y léelo en alto.

—Si es ese vuestro deseo... —dijo Bambulo. Enseguida, abrió el libro y empezó a leer el poema elegido al azar.

Llorad, Venus. Llorad, amores.
Y vosotros también, hombres sensibles.
Ha muerto el gorrión de mi amiga,
el gorrión, la delicia de mi amiga,
a quien ella quería más que a sus ojos,
pues era dulce como la miel, y conocía
a su dueña como una niña a su madre;
no se alejaba nunca de su seno,
sino que, saltando de aquí a allá,
sólo piaba para su señora...

Bambulo no pudo seguir adelante. Era un poema triste, muy triste, triste y pico. Se tapó el rostro con el libro y se echó a llorar.

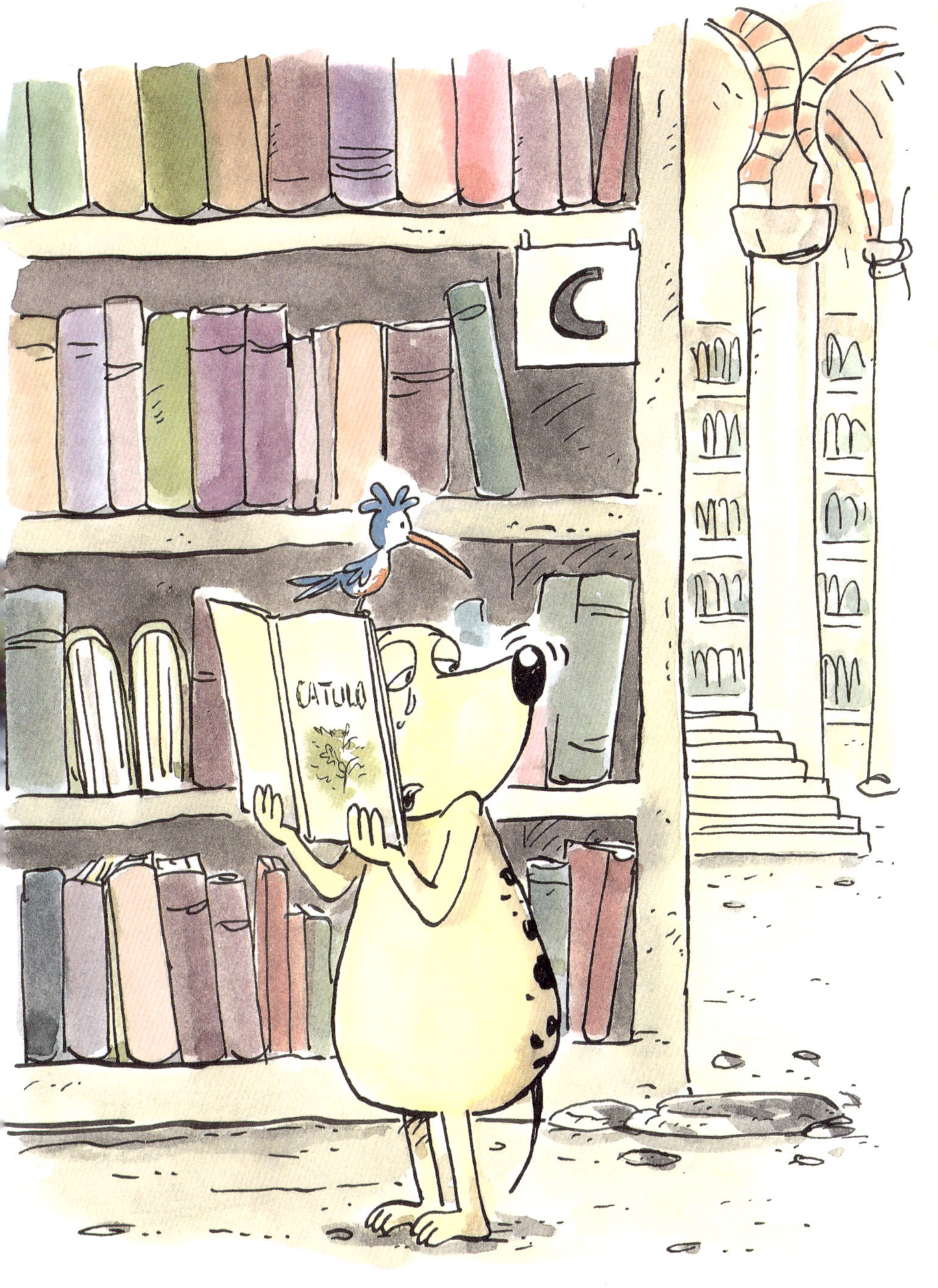
C
CATULO

—¿Dónde estará mi pájaro? ¡El pájaro de pico largo! —se lamentaba—. ¿Le habrá pasado lo mismo que al gorrión del poema?

—¡Bambulo! ¡Está en el libro! —le gritaron sus acompañantes, todos a una.

—¿Dónde estará mi pájaro? —volvió a preguntarse Bambulo con otro acceso de llanto.

—¡Que lo tienes ahí! ¡En el libro! —repitieron los demás.

—¡Ni que fuera de papel! —dijo entonces Bambulo enfurruñado.

—¡Está en la mismísima punta del libro! ¡En la punta de la punta! —insistieron sus amigos.

Al final, separó su rostro de la página del poema, y allí estaba el pájaro de pico largo, delante de él, con los piececitos sobre el vértice del libro. No, su pájaro no estaba muerto, ni mucho menos. Además, en un futuro...

¡Querido amigo! ¡Querido lector! Sería para mí un gran placer poder seguir contando las historias del pájaro de pico largo; pero, como he repetido tantísimas veces, la vida de nuestro perro no cabe en un solo libro, y mucho menos si además me veo obligado a incluir las historias de sus amigos. He de poner, pues, punto final. Pero no temas, lector, no te sientas *preocupator* ni *alterator* por esta circunstancia, que ya me ocuparé yo de seguir ordenando, copiando, analizando, corrigiendo y organizando documentos para su mejor y más conveniente publicación. Dicho de otro modo: el secretario escribirá, y la Historia de Bambulo pronto crecerá.

¡No te pierdas las historias de Bambulo, uno de los perros más inteligentes del continente!

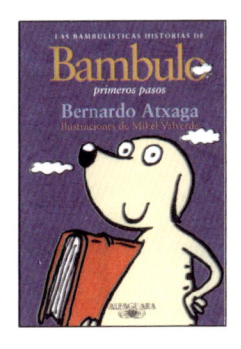

Las bambulísticas historias de Bambulo
primeros pasos

«He andado de ciudad en ciudad y de biblioteca en biblioteca, he caminado por medio mundo, y al final, ¿con qué me encuentro? Pues con el mismo hueso que enterré en mi juventud.» Con esta sabia sentencia, Bambulo resume años de innumerables viajes y trabajos.

Las bambulísticas historias de Bambulo
la crisis

Sí, Bambulo está en «crisis», pero conserva intacta toda su chispa... Y es que Bambulo, en su afán de reescribir la Historia, descubre que entre sus ilustres antepasados no sólo hay héroes y guerreros, sino también personajes de gran corazón y llenos de bondad.

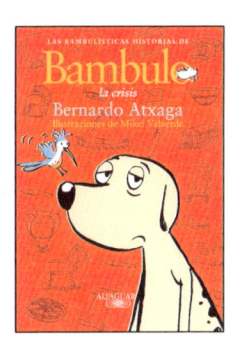

ALFAGUARA

Este libro se terminó de imprimir
en los Talleres Gráficos
de Palgraphic, S. A.
Humanes (Madrid)
en el mes de noviembre de 1999.